Carlo Ortmann

Auswirkungen der Lateralität

der unteren Extremitäten im Fußball

Universität Potsdam
Humanwissenschaftliche Fakultät
Institut für Sportwissenschaft
Arbeitsbereich Trainings- und Bewegungswissenschaft

Masterarbeit

Auswirkungen der Lateralität der unteren Extremitäten im Fußball

Prüfungsarbeit zur Erlangung des Titels
„Master of Science Sportwissenschaft – Leistungssport"

Verfasst von Carlo Ortmann

Matrikelnr.:	769102
E-Mail:	cortmann@uni-potsdam.de
Erstgutachter:	Dr. Rainer Beurskens
Zweitgutachter:	Dr. Tom Krüger

Potsdam, im März 2015

Bibliografische Information der Deutschen Nationalbibliothek: Die Deutsche Nationalbibliothek verzeichnet diese Publikation in der Deutschen Nationalbibliografie; detaillierte bibliografische Daten sind im Internet über dnb.dnb.de abrufbar.

© 2016 Carlo Ortmann

Herstellung und Verlag:

BoD – Books on Demand, Norderstedt

ISBN: 9783741237331

Inhaltsverzeichnis

Abbildungsverzeichnis 8
Tabellenverzeichnis 9
1.   Einleitung 10
2.   Lateralität 14
   2.1   Lateralität beim Menschen 16
   2.2   Füßigkeit und Beinigkeit 23
   2.3   Lateralität im Sport 27
3.   Lateralität im Fußball 31
   3.1   Technische Fertigkeiten und Lateralität 38
   3.2   Motorisches Gleichgewicht und Lateralität 48
   3.3   Kraftfähigkeiten und Lateralität 50
   3.4   Training und Lateralität 55
4.   Fragestellung (Studie) 61
5.   Methoden 63
   5.1   Stichprobe 64
   5.2   Messinstrumente 64
   5.2.1   Test 1: Dribbling 66
   5.2.2   Test 2: Balljonglieren 67
   5.2.3   Test 3: Torschuss 68
   5.2.4   Test 4: Dreierhopp 70
   5.2.5   Test 5: Gleichgewicht 71
   5.3   Forschungsdesign 72
   5.4   Auswertungsverfahren 73
6.   Ergebnisse 74
   6.1   Spielaktionen mit dem Ball sind mit dem Spielbein „effektiver" als mit dem Standbein 76

6.2 Leistungsstärkere Fußballmannschaften weisen eine geringere Spiel-Standbein-Differenz hinsichtlich ihrer „Effektivität" auf 79
6.3 Auf dem Standbein stehen die Probanden stabiler als auf dem Spielbein 83
6.4 Das Standbein ist sprungkräftiger als das Spielbein 84
7. Diskussion 85
7.1 Lateralitätsunterschiede bei ballspezifischen Spielaktionen 86
7.2 Ligaspezifische Leistungsunterschiede 95
7.3 Lateralitätsunterschiede beim motorischen Gleichgewicht 98
7.4 Lateralitätsunterschiede bei den Kraftfähigkeiten ... 103
7.5 Limitierungen der Untersuchung 107
8. Fazit / Ausblick 111
9. Literaturverzeichnis 115

Abbildungsverzeichnis

Abb. 1. Dominanzindex (nach Schilling, 1980)..........................20
Abb. 2. Differenzierungsaspekte der Lateralität (Thienes, 2000, S. 58)..22
Abb. 3. Füßigkeit, Seitenpräferenz beim Geschicklichkeitstest „Ballstoßen" (Oberbeck, 1989, S. 34)..25
Abb. 4. Füßigkeit, Seitenpräferenz bei Absprüngen (Oberbeck, 1989, S. 39)..26
Abb. 5. Percentage of each action performed by the left and the right foot in left- and right-footed players (Carey et al., 2001, S. 860).....36
Abb. 6. Seitenpräferenzen bei erzielten Toren im Fußba...............45
Abb. 7. Isokinetic knee flexion and extension strength (McLean & Tumilty, 1993, S. 261).. 53
Abb. 8. Test 1: Dribbling (Desch & Lottermann, 2003, S. 4)...........66
Abb. 9. Test 2: Balljonglieren (Desch & Lottermann, 2003, S. 7)....67
Abb. 10. Test 3: Torschuss (Desch & Lottermann, 2003, S. 6)...... 69
Abb. 11. Test 4: Dreierhopp..70
Abb. 12. Test 5: „single leg stance"..71
Abb. 13. Zeitmessungen beim Dribbling und beim Jonglieren in Abhängigkeit der Beinigkeit.. 77
Abb. 14. Vergleich der Schusskraft und Schussgenauigkeit in Abhängigkeit der Beinigkeit.. 78
Abb. 15. Korrelation der objektiven und der subjektiven Schusskraftbewertung... 79
Abb. 16. „Effektivitätsdifferenzen" zwischen Spiel- und Standbein in unterschiedlichen Leistungsklassen...81

Abb. 17. Gleichgewichtsuntersuchung von Spiel- und Standbein auf unterschiedlichen Unterlagen.. 83

Abb. 18. Sprungkraftuntersuchung von Spiel- und Standbein mit Hilfe des Dreierhopps.. 84

Tabellenverzeichnis

Tab. 1. *Anthropometrische Daten* 74

Tab. 2. *Unterschiede der „Effektivität" in Abhängigkeit von dem verwendeten Bein und der Ligazugehörigkeit* 75

Tab. 3. *Leistungen in Abhängigkeit der Spielklasse* 75

Tab. 4. *Präferenzmuster der Füßigkeit* 82

1. Einleitung

"Andere erziehen ihre Kinder zweisprachig, ich beidfüßig." (Christoph Daum)

Der Fußball fasziniert weltweit Milliarden von Menschen und ist wahrscheinlich die populärste Sportart der Welt. Diese Popularität geht jedoch nicht nur mit der Aufmerksamkeit der Zuschauer einher, sondern auch mit der Weiterentwicklung trainingswissenschaftlicher Gesichtspunkte und einer stetigen Steigerung der maximalen Leistungsfähigkeit. In allen Leistungs- und Hochleistungsbereichen steigen die Trainingsanforderungen, um mögliche Schwächen des Athleten oder des Teams zu eliminieren und Weltspitzenleistungen zu erreichen (Krüger, 2005). Bisanz und Gerisch (2013) nennen in diesem Zusammenhang die Kondition, die Technik und die Taktik als die Säulen der Leistungsfähigkeit im Fußball. Die fußballspezifische Technik ist die Fähigkeit, Fertigkeiten wie Ballannahme, Dribbeln, Passen, Schießen, Finten und Köpfen in hohem Tempo und in Drucksituationen umsetzen zu können (Geese, 2009). Die optimale Umsetzung dieser Fertigkeiten gelingt den allermeisten Fußballern jedoch nur mit einem Bein beziehungsweise Fuß, da sie eine klare Seitenpriorität beim Fußballspiel zeigen (Thömmes, 2011).

Sowohl im Sport als auch im Alltag neigt der Mensch dazu, eine Extremität bevorzugt für die Bewältigung alltäglicher oder sportspezifischer Aufgaben zu nutzen. Poeck und Hacke (2001) vermuten, dass die Dominanz einer Hirnhälfte für die Lateralisation der oberen und unteren Extremitäten verantwortlich ist. Bei den unteren Extremitäten wird in diesem Zusammenhang von Füßigkeit bzw. Beinigkeit gesprochen und zwischen dem dominanten Bein und nichtdominanten Bein unterschieden (Reimers, Gaulrapp & Kele, 2004). Im Fußball differenzieren einige Autoren in Anlehnung an die bevorzugte Aufgabenverteilung der unteren Extremitäten in Spiel- und Standbein (Strobel, 2009). Carey, Smith, Smith, Shepherd, Skriver, Ord und Rutland (2001) analysierten zehn Endrundenspiele der Fußball-WM 98 unter dem Aspekt einer Seitendominanz der unteren Extremitäten bei Aktionen mit Ball. Die Annahme, dass vermeintliche Linksfüßer oder vermeintliche Rechtsfüßer genau diesen Fuß für eine Großzahl ihrer Aktionen mit Ball nutzen würden, konnte bei dieser Untersuchung bestätigt werden. Linksfüßer nutzten demnach mit einer durchschnittlichen Wahrscheinlichkeit von 82,6 % ihren linken Fuß und Rechtsfüßer mit einer durchschnittlichen Wahrscheinlichkeit von 81 % ihren rechten Fuß bei Aktionen mit Ball (Carey et al., 2001).

Inwieweit sich eine solche Seitendominanz auf die Leistungsfähigkeit eines Fußballers auswirkt, ist bislang noch nicht endgültig geklärt. Die unvorhersehbare Spielanlage der Sportart Fußball lässt jedoch vermuten, dass eine beidseitige optimale Leistungsfähigkeit einen höheren Stellenwert als in anderen Sportarten haben könnte. In Sportarten in denen der Bewegungsablauf vorgegeben ist, scheint eine beidbeinige Ausführung nicht notwendig zu sein, denn wozu sollte z.B. ein Hochspringer lernen, mit dem schwächeren Bein abzuspringen, wenn sein Bewegungsablauf vorgegeben ist? In Spielsportarten dagegen wird ein hohes Maß an räumlicher Orientierung benötigt und es muss situativ schnell entschieden und mit hoher Präzision agiert werden (Stöckel, Hartmann & Weigelt, 2007). Das Lösen mancher Spielsituationen mit dem spielschwachen Bein, abhängig von der Position des Balles, des Gegners, des Mitspielers und der eigenen Position auf dem Spielfeld, scheint deshalb nur folgerichtig. Infolgedessen ist davon auszugehen, dass eine Beidfüßigkeit die Spielfähigkeit der Sportler positiv beeinflusst und sich im Leistungsniveau widerspiegeln könnte. Dies lässt vermuten, dass bei steigender Ligazugehörigkeit eine Zunahme der ballspezifischen Fertigkeiten des Standbeins beziehungsweise eine Abnahme der Spiel-Standbein-Differenz hinsichtlich ihrer ballspezifischen Fertig-

keiten zu erwarten ist. Aus diesem Grund ist die Betrachtung der beidseitigen technischen Fähigkeiten von Fußballern, auch im Hinblick auf die Ligazugehörigkeit, besonders interessant.
Die Literatur weist größtenteils auf die Vorteile einer Beidfüßigkeit hin und empfiehlt ein dementsprechend angepasstes Techniktraining (Stöckel et al., 2007; Haaland & Hoff, 2003; Thömmes, 2011). Fischer (1988) erwähnt in diesem Zusammenhang sogar einen erhöhten Trainingseffekt eines bilateralen Trainings auf die dominante Seite. Demzufolge würde ein beidseitiges Training nicht nur die Leistungsdifferenz beider Seiten reduzieren, sondern zeitgleich für einen Leistungszuwachs insgesamt sorgen. Auf der anderen Seite sind viele der erfolgreichsten Fußballer unserer Zeit (z.B. Arjen Robben) nach wie vor sehr „einseitig" und vermeiden Ballaktionen mit ihrem schwachen Fuß. Dies könnte wiederum ein Indiz dafür sein, dass eine klare Aufgabenverteilung beider Beine möglicherweise auch Vorteile im Fußballspiel haben könnte.
In dieser Arbeit sollen einerseits die Relevanz und die Auswirkungen von Lateralität im Fußball analysiert und diskutiert werden, andererseits die tatsächlichen spielspezifischen Unterschiede in einer Querschnittsstudie aufgedeckt werden. Zu Beginn der Arbeit wird die Lateralität grundsätzlich betrachtet und der Frage nachgegangen, welche Rolle sie beim Menschen spielt. Im Kontext dieser Fragestellung werden ihre Entstehung und ihre weitere Entwicklung beim einzelnen Individuum erörtert. Lateralitätsphänomene der unteren Extremitäten verlangen eine gesonderte Aufmerksamkeit, da sie offensichtlich fußballspezifisch einen besonders hohen Stellenwert aufweisen, und unterschiedliche Unterscheidungsformen diskutiert und geklärt werden müssen, um sie anschließend richtig einordnen zu können. Im Anschluss werden die erlangten Erkenntnisse bezüglich verschiedener Lateralitäten auf den Sport übertragen, indem analysiert wird, welche Sportarten bestimmte Lateralitäten aufweisen und welche Bedeutung diesen zukommt. Der Fußball wird folgend

gesondert betrachtet und die Sinnhaftigkeit und die spielbestimmenden Ausmaße von Beindominanzen erörtert. Hierzu werden anhand der relevanten motorischen Fähigkeiten im Fußballsport Vermutungen angestellt, welche Seitigkeitsphänomene der unteren Extremitäten in welcher Ausprägung den Erfolg des einzelnen Fußballers und der Mannschaft beeinflussen könnten. Ein besonderes Augenmerk gilt in diesem Zusammenhang den einzelnen technischen Fertigkeiten, den Kraftfähigkeiten der Beine und dem motorischen Gleichgewicht der Spieler. Zusätzlich wird der Frage nachgegangen, welchen Stellenwert die Lateralität im Training hat beziehungsweise haben sollte und welche motorisch-nervalen Prozesse während des Trainings ausgelöst werden. Im Anschluss werden anhand einer Studie die gesammelten Erkenntnisse und Einschätzungen überprüft und analysiert.

Ziel der Studie ist es, die „Effektivität" des Spielbeins und des Standbeins genauer zu untersuchen, um daraus Rückschlüsse auf die Lateralität der unteren Extremitäten und mögliche Auswirkungen auf das situative Spielverhalten von Fußballern zu ziehen und eine mögliche Seitendominanz besser einordnen zu können. Um das Phänomen „Lateralität im Fußball" zu untersuchen, werden Fußballmannschaften aus unterschiedlich starken Amateur-Ligen (Landesliga, Kreisliga und Freizeitliga) getestet, um eventuelle Zusammenhänge des Leistungsniveaus und der Seitenbevorzugung in Spielsituationen zu evaluieren. Neben isolierten Spielsituationen mit Ball werden die Probanden zusätzlich auf ihr Gleichgewicht und die Sprungkraft getestet. Eine daraus resultierende weiterführende Überlegung ist, ob bei Fußballern tatsächlich von einem „dominanten Bein" gesprochen werden kann, oder vielmehr eine Aufgabenspezialisierung in Form eines Spiel- und eines Standbeins vorliegt. Demnach hätte das Spielbein die Aufgabe den Ball in allen fußballspezifischen Bewegungshandlungen mit Ball, wie Schießen, Passen, Flanken, Dribbling etc., erfolgsorientiert zu verarbeiten, und das

Standbein hätte die Aufgabe das komplette Körpergewicht des Sportlers zu tragen und im Gleichgewicht zu halten. Das Standbein hat folglich möglicherweise ein höheres Kraftpotenzial und kann den kompletten Bewegungsapparat koordinativ besser im Gleichgewicht halten und kann unter diesen Teilaspekten auch als dominant bezeichnet werden. Auf der anderen Seite könnte das Spielbein die ballinvolvierenden Bewegungshandlungen koordinativ perfektionieren. Demnach wäre zu erwarten, dass mit dem Standbein sowohl bei dem Gleichgewichtstest als auch bei einem Sprungtest und mit dem Spielbein bei den Spielsituationen mit Ball bessere Ergebnisse erzielt werden. Dies würde auf eine Dominanzaufteilung beider Beine auf Teilbereiche des gesamten Bewegungsablaufs hinweisen, was für eine festgelegte Seitenspezialisierung sprechen könnte. Im Falle einer derartigen Seitenspezialisierung müsste weiterführend erörtert werden, ob ein solcher Ist-Zustand auch den optimalen wettkampforientierten Sollzustand verkörpert, oder beide Beine die Aufgaben des jeweils anderen Beins situativ übernehmen können sollten, um das höchst mögliche Leistungspotential während des Wettkampfes abrufen zu können.

Ziel der Arbeit ist es also, den motorischen Ist-Zustand eines Fußballers zu analysieren und mögliche Konsequenzen in Bezug auf die Leistungsfähigkeit zu diskutieren.

2. Lateralität

Um zu verstehen welchen Stellenwert Lateralität im Fußball hat, muss zunächst auf Lateralität grundsätzlich und speziell beim Menschen eingegangen werden. Es existieren verschiedene Formen und Ausprägungen von Lateralitäten, die sich durch unterschiedliche Strukturen und Funktionen auszeichnen. Ullmann (1974, S. 25) definierte die Lateralität oder Seitigkeit als „die Ausprägung in Bau und Funktion von paarig angelegten Organen". Auf motorischer Ebene kann von einem „Dominieren einer bestimmten Seite und damit verbunden einer sensorischen und motorischen Bevorzugung" gesprochen werden (Dietrich, 2002, S. 13). Die sensorische Lateralität beschreibt in erster Linie die Symmetrie oder Asymmetrie hinsichtlich der Wahrnehmung von Augen und Ohren. Bei der motorischen Bevorzugung spielen die Seitigkeitsphänomene Händigkeit, Füßigkeit bzw. Beinigkeit und die Drehseitigkeit eine entscheidende Rolle. Lateralitätsausprägungen betreffen ebenfalls Areale des zentralen Nervensystems, im Fokus stehen hierbei die Hemisphärendominanzen (Thienes, 2000).

Man unterscheidet zwischen der Rechtsseitigkeit (Dextralität), der Linksseitigkeit (Sinistralität) und der Beidseitigkeit (Bilateralität/ Ambilateralität) (Kiese & Henze, 1988). Dabei können die Seitenpräferenzen zwischen den unteren und oberen Extremitäten übereinstimmen (Seitenkonkordanz) oder eine gekreuzte Seitigkeit vorliegen (Seitendiskordanz), bei der beispielsweise das linke Bein bei einem Rechtshänder dominant ist (Fischer, 2004).

Grundsätzlich muss zwischen der angeborenen und der erworbenen Lateralität unterschieden werden (Oberbeck, 1989). Die angeborene oder genuine Lateralität ist weder pathologisch noch durch Umweltfaktoren beeinflusst, ihr steht lediglich die individuelle Morphologie zu Grunde (Ullmann, 1974). Morphologische Unterschiede können Abweichungen der Masse, des Gewichts oder der Struktur von paarig angelegten Organen sein (Thienes, 2000). Auf der anderen Seite steht die erlernte Seitendominanz, die nicht zwangsläufig mit der Morphologie in Verbindung stehen muss und im Laufe des Lebens entwickelt wird. Diese kann sich durch reifungsbiologische Faktoren (z.B. Lernprozesse einer Gehirnhälfte während des Spracherwerbs), soziokulturelle Faktoren (z.B. Erziehung zur Rechtshändigkeit) oder durch pathologische Prozesse (z.B. Verletzungen von Gliedmaßen) entfalten (Wirth, 2000). Fischer (1988) weist darauf hin, dass grundsätzlich beide Faktoren für die Bildung der individuellen Lateralität verantwortlich sind und niemals nur einer der Faktoren allein ausschlaggebend ist. Darüber hinaus kann nicht von einem interindividuell gleichen Verhältnis beider Aspekte ausgegangen werden, die Einflusskomponenten müssen individualspezifisch betrachtet werden (Fischer, 1988).

Vor allem die Entwicklung des Gehirns scheint bei der Ausbildung von Lateralitäten eine entscheidende Rolle zu spielen (Thienes, 2000). Bereits im 19. Jahrhundert wurden funktionelle Asymmetrien im Gehirn beschrieben, wobei zu diesem Zeitpunkt die daraus resultierenden Mechanismen nur unzureichend bekannt waren. Die Medizin konnte jedoch immer mehr Zusammenhänge zwischen dem Gehirn und darin auftretenden Spezialisierungen mit Seitendominanzen, Sprache und Verhalten verknüpfen (Schneider & Fink, 2013).

2.1 Lateralität beim Menschen

Dietrich (2002, S. 13) weist auf den besonders hohen Stellenwert der Lateralität beim Menschen hin, denn „je höher ein Lebewesen in der Entwicklungsreihe steht, um so öfter treten Ungleichheiten (Asymmetrien) der Form" auf. Lateralitätsphänomene können dabei spezifische Areale des Nervensystems und Erfolgsorgane, wie paarig angelegte Sinnesorgane und Gliedmaßen, die an Bewegungen beteiligt sind, betreffen (Thienes, 2000). Experimentelle Untersuchungen haben ergeben, dass bei den meisten Menschen eine eindeutige Bevorzugung einer Seite und eine nachweislich höhere Geschicklichkeit bei bestimmten Bewegungen und Tätigkeiten vorliegen. Betroffen sind hierbei sowohl Körperteile wie Hände und Füße als auch Sinnesorgane wie Augen und Ohren (Dietrich, 2002). Insgesamt kann zwischen den Seitigkeitsphänomenen Händigkeit, Füßigkeit bzw. Beinigkeit, Drehseitigkeit, Äugigkeit, Ohrigkeit, Zün-

gigkeit und Hirnigkeit unterschieden werden. Den Phänomenen Händigkeit, Füßigkeit und Drehseitigkeit (i.w.s. Wendigkeit), welche direkt an der Bewegungsausführung beteiligt sind, kommt im Kontext Sport ein besonderer Stellenwert zu. Im Fußball und in dieser Arbeit wird der Füßigkeit die größte Aufmerksamkeit geschenkt, da eine Lateralität der unteren Extremitäten mutmaßlich direkt mit der Leistungsfähigkeit von Fußballern verknüpft ist.
Die Entwicklung einer Lateralität beginnt schon im frühen Kindesalter. Kinder können bereits im Säuglingsalter eine Dominanz in Form einer priorisierten Richtung des Kopfdrehens herausbilden. Die Entwicklung der Händigkeit lässt sich hingegen häufig nach ca. neun Monaten beobachten. In der Regel ist die Lateralität mit fünf Jahren ausgebildet, wobei die Entwicklung bei Mädchen häufig etwas früher abgeschlossen ist als bei Jungen (Wirth, 2000).
Die Dominanz einer Seite lässt sich weiterhin in Präferenzdominanz und Leistungsdominanz unterscheiden, welche zu unterschiedlichen Entwicklungsstadien ausgebildet werden. Die Präferenzdominanz zeichnet sich durch spontane tägliche Tätigkeiten wie Zähneputzen oder einen Ball mit einer Hand werfen oder mit dem Fuß schießen etc. aus. Sie lässt sich bereits nach ca. 16 Monaten bestimmen. Die Leistungsdominanz zeichnet sich durch Tätigkeiten aus, „bei denen Schnelligkeit und Genauigkeit eine Rolle spielen, z.B. das schnelle Auffädeln von Perlen" (Knauf, Umbach & Kormann, 2006, S. 15), und ist erst nach etwa 5-6 Jahren messbar entwickelt (Wirth, 2000). So wie die Präferenzdominanz bei einem Menschen bei unterschiedlichen Aktionen variieren kann, kann auch die Leistungsdominanz, abhängig von dem überprüften Fähigkeitsbereich, unterschiedlich ausgeprägt sein (Schilling, 1980). In den meisten Fällen stimmen beide Dominanzformen überein (Knauf et al., 2006), können jedoch auch gegenläufig ausgeprägt sein (Thienes, 2000).
Bei den Menschen spielt die Dominanz der beiden Gehirnhälften (Hemisphären) bei der Entwicklung von spezifischen Tätigkeiten

hinsichtlich ihrer Lateralität eine entscheidende Rolle (Ullmann, 1974). Jackson (1880) formulierte bereits das „Konzept der führenden Hemisphäre", aufbauend auf den Untersuchungen von Broca (1865), und ebnete damit den Weg für die Lateralitätsforschung. Unter der zerebralen Dominanz (Hemisphärendominanz) versteht Wirth (2000, S. 66) die „spezifische menschliche Fähigkeit zur asymmetrischen Spezialisierung der beiden Hirnhälften für verbale und nichtverbale Funktionen". Die linke Hirnhälfte zeigt eine „deutliche Dominanz für das Verstehen, Wahrnehmen, Verarbeiten und Produzieren von Sprache", die rechte Hirnhälfte repräsentiert stärker die „räumliche Wahrnehmung und Orientierung" (Thienes, 2000, S. 58). Anatomisch und feingeweblich gibt es nach Wirth (2000) kaum Unterschiede zwischen beiden Hirnhälften, lediglich das *Planum temporale*, ein Areal der temporalen Sprachregion welches für das Sprachverständnis zuständig ist, ist bei 65 % der Bevölkerung links etwa einen Zentimeter größer als auf der rechten Seite. Dies ist jedoch ein angeborenes Phänomen, welches schon bei Neugeborenen festgestellt werden kann (Wirth, 2000). Thienes (2000) verweist darüber hinaus auf Unterschiede der Größe und Anordnung der Hirnwindungen beider Hemisphären, welche ein Indiz für eine unterschiedlich funktionelle Entwicklung beider Hirnhälften sein könnten.

Das Gehirn steuert jede Bewegung des Körpers, wobei beide Hemisphären vorwiegend für jeweils eine Körperseite zuständig sind. Während der frühen Säuglingsphase liegt noch eine homolaterale Steuerung des Bewegungsapparats vor, bei der die rechte Gehirnhälfte die rechte Körperseite steuert und umgekehrt. Bei dieser Form der neuronalen Verknüpfung wird jeweils nur eine Gehirnhälfte zur gleichen Zeit aktiviert. Im Verlauf der frühkindlichen Entwicklung, in der die Bewegungsumfänge zunehmen und das Kind zu krabbeln beginnt, werden Nervenbahnen aktiviert, die beide Hemisphären mit der jeweils entgegengesetzten Körperseite verbinden. Es kommt im Laufe der Zeit zu einer Überkreuzsteuerung der Hemisphären mit der jeweiligen gegenüberliegenden Seite des Bewegungsapparats. Das *Corpus callosum,* eine querlaufende Verbindung zwischen beiden Gehirnhälften, verknüpft dabei die Prozesse zwischen rechter und linker Gehirnhälfte. Diese Neuverknüpfung ermöglicht das gleichzeitige Arbeiten beider Gehirnhälften und die damit verbundene optimale Steuerung des kompletten Bewegungsapparats. Die Überkreuzsteuerung und Prozessverknüpfung hilft dabei, Neues nicht nur einseitig zu erfassen und führt zu einem schnelleren und effektiveren Lernen beider Gehirnhälften (Gräbe, 2014).

Untersuchungen der Lateralität betreffen die Seitendifferenzen von Gliedmaßen, Sinnesorganen oder spezifischen Arealen im zentralen Nervensystem. Bei der Bestimmung von Lateralitäten der Gliedmaßen und Sinnesorgane kann auf unterschiedliche Methoden zurückgegriffen werden. Als Grundlage einer Lateralitätsanalyse „reicht die einmalige Ausführung einer oder mehrerer Funktionsprüfungen oder alternativ die Befragung von Personen nach der bevorzugten Seite bei unterschiedlichen Aufgaben aus" (Steingrüber, 1971, S. 339). Die einfachste Methode der Lateralitätsbestimmung ist die Befragung der jeweiligen Personen, mit welcher Seite sie im Alltag bestimmte Tätigkeiten ausüben. In der Literatur werden unterschiedliche Fragen in Bezug auf die Feststellung von Lateralitäten der Gliedmaßen und Sinnesorgane erwähnt. Ehrenstein und Arnold-Schulz-Gahmen (1997) entwickelten einen auf Coren (1993) aufbauenden Fragebogen zur Erfassung des individuellen Lateralitätsprofils. Der Fragebogen besteht aus jeweils vier Fragen hinsichtlich der Seitenpräferenzen der Augen, der Ohren, der Hände und der Füße, und kann auf der Internetpräsenz des *Leibniz-Institut für Arbeitsforschung* an der *TU Dortmund* durchgeführt werden. Neben der Bestimmung der jeweiligen Lateralitäten können die Häufigkeiten der Antworten bei allen Organpaaren genutzt werden, um die Stärke der Seitenbevorzugung zu bestimmen. Ein ausgeglichenes Antwortenverhältnis lässt dabei auf eine grundsätzliche Beidseitigkeit (Ambilateralität) des betreffenden Organpaares schließen. In einer repräsentativen Untersuchung der deutschen Bevölkerung (n = 3709) anhand dieses Fragebogens konnte bei allen Organpaaren (Auge: Links = 20 %, Ambilateral = 7 %, Rechts = 73 %; Ohr: Links = 19,8 %, Ambilateral = 19,9 %, Rechts = 60,3%; Hand: Links = 7 %, Ambilateral = 2,1 %, Rechts = 90,9 %; Fuß: Links = 9,6 %, Ambilateral = 6,5 %, Rechts = 83,9 %) eine Rechtsdominanz festgestellt werden. Dabei fällt das Ungleichgewicht bei den motorischen Merkmalen deutlicher auf als bei den sensorischen Merkmalen (Arnold-Schulz-Gahmen, Ehrenstein, Schweingruber, Selinski, Urfer & Zschiesche, 1998).

Die objektivere Analyse der Seitenpräferenz ist die Durchführung von Funktionsproben, bei denen die Probanden bestimmte Bewegungsaufgaben durchführen müssen. Im Rahmen sportwissenschaftlicher Fragestellungen sollten die Funktionsproben an die spezifischen Aufgaben der jeweiligen Sportart angepasst werden (Thienes, 2000). Schilling (1980) entwickelte für die exaktere Bestimmung des Seitigkeitsmaßes den Dominanzindex (DI), welcher den prozentualen Anteil der Rechtsleistung an der Gesamtleistung bemisst (Abb. 1).

$$DI = \frac{\text{Rechtsleistung}}{\text{Rechtsleistung} + \text{Linksleistung}} \times 100$$

Abb. 1. Dominanzindex (nach Schilling, 1980)

Die Rechtsleistung ist definiert als rechtsseitige Ausführung der zu untersuchenden Funktionsproben, die Linksleistung dementsprechend als die linksseitige Ausführung. Der Dominanzindex ermöglicht ebenfalls die Berechnung der Präferenzdominanz, indem durch mehrmaliges Ausführen einer oder mehrerer Tätigkeiten eine Seitigkeitspräferenz prozentual erfasst werden kann. Ein Index von 50 gibt eine Seitengleichheit, ein Wert über 50 eine Rechtsdominanz und ein Wert unter 50 eine Linksdominanz an. Der Wert 100 definiert dabei die maximale Rechtsseitigkeit und der Wert 0 die maximale Linksseitigkeit. Untersuchungen von komplexeren und koordinativ anspruchsvolleren Funktionsproben „scheinen in höherem Maße die Leistungsdominanz einer Seite offenzulegen" (Schilling, 1979, S. 37). Mit Leistungsdominanztests kann mithilfe spezieller psychomotorischer Aufgaben das Ausmaß der funktionellen Überlegenheit einer Seite gemessen werden.

Die Prüfung der Füßigkeit bzw. Beinigkeit gestaltet sich schwieriger als die der Händigkeit, da das Bewusstsein für Aktivitäten mit den Füßen im Alltag viel geringer ist als jenes für Aktivitäten mit den Händen (Oberbeck, 1989). Darüber hinaus hängt das Resultat von Funktionsanalysen stark von ihrem motorischen Charakter ab und führt häufig zu heterogenen Ergebnissen. Grundsätzlich muss zwischen Bewegungen, die kraftlastig sind und Bewegungen bei denen der Faktor Geschicklichkeit eine große Rolle spielt, unterschieden werden (Landgraf & Steinbach, 1963). Wirth (2000) nennt als mögliche Überprüfungsparameter der Beinigkeit das Hüpfen auf einem Bein, das Stoßen eines Balles mit einem Fuß und das auf einen Stuhl steigen.

Da die Mehrzahl der Menschen rechtsdominant ist, liegt die Vermutung nahe, dass unterschiedliche Funktionsweisen und Strategien der Hemisphären möglicherweise Einfluss auf die bevorzugte motorische Umsetzung von Bewegungsaufgaben haben. In Anbetracht des weltweiten Übergewichts an Rechtsseitigkeit scheint die linke Hemisphäre bei Bewegungsaufgaben dominant zu sein. Krüger (2005) geht auf die unterschiedlichen Strategien beider Hemisphären ein, wonach in der linken Hirnhälfte Informationen seriell oder sequentiell analysiert werden, was bedeutet, dass die eintreffenden

Informationen nacheinander verarbeitet werden. In der rechten Hirnhälfte hingegen findet die Informationsverarbeitung nach Krüger (2005) vielmehr parallel statt, so dass die Informationsflut ganzheitlich verarbeitet wird. Eine serielle Informationsverarbeitung könnte dementsprechend grundsätzlich vorteilig sein um Bewegungsfertigkeiten zu erlernen, und dadurch das Übergewicht von Rechtsdominanzen erklären.

Trotz der kontinuierlichen Weiterentwicklung der Untersuchungsmethoden ist jedoch nach wie vor unklar, inwieweit anatomische und funktionelle Auffälligkeiten des Gehirns oder Talente angeboren oder im Laufe des Lebens durch Training bzw. Erziehung erworben werden (Krüger, 2005). Viele Faktoren wirken auf die möglichen Ausprägungen ein und könnten in verschiedenem Maße zu einer Lateralisation beitragen. Eine Übersicht der Differenzierungsaspekte der Lateralität nach Thienes (2000) bietet die Abbildung 2.

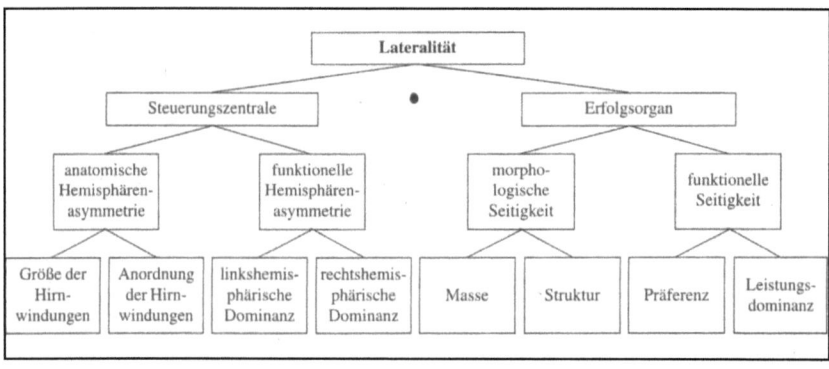

Abb. 2. Differenzierungsaspekte der Lateralität (Thienes, 2000, S. 58)

Über die Entstehung des grundsätzlichen Phänomens Lateralität wird gerätselt und eine eindeutige Erklärung wird nach wie vor gesucht. Eine Vielzahl von Autoren entwickelten unterschiedliche Theorien, um die Entwicklung des Phänomens zu erklären (Broca,

1865; Jackson, 1880; Fetz, 1972; Ullmann, 1974; Porac & Coren, 1981; Fischer, 2004). Fischer (2004) nennt Theorien, die bis in die Urzeit zurückreichen und das Kampfverhalten der Urmenschen beschreiben, die ihre rechte Hand zur Waffenführung und die linke Hand zum Schutz verwendeten. Ein anderer Erklärungsversuch Fischers (2004) verweist auf das Halten der Babys mit dem linken Arm, um sie durch den elterlichen Herzschlag zu beruhigen, und die daraus resultierende Durchsetzung der rechten Hand als Arbeitshand. Es gibt noch weitere Theorien, die versuchen, die Entwicklung von Lateralitäten zu begründen, jedoch bisher nicht verifiziert werden konnten.

Im folgenden Kapitel wird nun noch einmal intensiv auf die Besonderheiten von Lateralitäten der unteren Extremitäten eingegangen.

2.2 Füßigkeit und Beinigkeit

Wie bereits erwähnt spielt im Alltag die Füßigkeit beim Menschen eine geringere Rolle als die Händigkeit. Fischer (1988) spricht in diesem Zusammenhang von einer weniger starken Aufgabenspezialisierung der unteren Extremitäten und dadurch von einer schwächer ausgeprägten Lateralisation als bei den Händen.

Die Hauptaufgabe der Füße ist die zyklische Fortbewegung (Gehen und Laufen) und wird von beiden Seiten zu gleichen Teilen ausgeführt. Neben der Fortbewegung gibt es allerdings eine Reihe weiterer Aktivitäten, die von den unteren Extremitäten dominiert werden. Besonders im Sport existieren Bewegungen, die mit der Bevorzugung einer Seite einhergehen und eine klare Spezialisierung der unteren Extremitäten erfordern. Dazu zählen neben dem Fußball vor allem Sportarten und Disziplinen, bei denen Absprünge ein elementarer Bestandteil der Bewegungsabläufe sind (Oberbeck, 1989). Dabei gilt es Aktivitäten, die in erster Linie feinmotorisch koordinativ ablaufen, von hauptsächlich kraftlastigen Bewegungen zu unterscheiden.

In der Literatur werden verschiedene Begrifflichkeiten verwendet um die verschiedenen Formen von Seitigkeiten der unteren Extremitäten zu unterscheiden. Neben Begriffen wie Füßigkeit und Beinigkeit hielt Oberbeck (1989) es für am sinnvollsten, die Füßigkeit in die Fußgeschicklichkeit und den Absprung zu unterteilen, wies jedoch darauf hin, dass die Komplexität des Themas diese zwei Fähigkeitsbereiche übersteigt. Besonders im Hinblick auf die Beinkraft müssen sowohl die koordinativen Aspekte als auch die energetischen Potentiale berücksichtigt werden, bevor Lateralitäten bewertet werden können. Abhängig von der Aktivität bzw. sportlichen Disziplin müssen die benötigten motorischen Fähigkeiten bekannt sein, um die Bausteine der Bewegung richtig einzuschätzen. Das maximalkräftigere Bein muss deshalb nicht zwangsläufig bei sprungausgerichteten Disziplinen das bevorzugte Bein sein.

Fußballer benötigen gerade bei Fuß- und Beinbewegungen eine außergewöhnliche feinmotorische Kontrolle, um den Ball bestmöglich zu kontrollieren und zu spielen. Ein hohes Kraftniveau der Beine sorgt dafür, dass die Bewegung schnellkräftig und im Spielkontext erfolgreich umgesetzt werden kann, um sich einen Vorteil gegenüber dem Gegner zu verschaffen. Dementsprechend hat die Lateralität der unteren Extremitäten im Fußball einen deutlich erhöhten Stellenwert gegenüber vielen anderen Sportarten.

Jahr	Autor	Testgruppe		Häufigkeit in %		
				L	L=R	R
1911	STIER	200	Rechtshänder	2,5	2,0	95,5
		73	Linkshänder	75,0	17,0	8,0
1930	KAMM	190	Linkshänder	76,0	14,0	10,0
1932	SCHOTT	217	Polizisten	8,7	3,4	87,9
1933	BETHE	93	Rechtshänder	18,3	16,1	65,6
		42	Linkshänder	59,5	—	40,5
1957	CLARK	330	Kinder(11-12 J.)	6,7	2,1	91,2
1959	SPILLE	144	Sportstudenten	2,0	2,0	96,0
1960	SUBIRANA/	267	Rechtshänder	4,5	—	95,5
	OLLER-DAURELLA	12	Linkshänder	75,0	—	25,0
1963	BELMONT/BIRCH	148	Kinder(5-12 J.)	12,0	4,0	85,0
1976	WASMUND	333	Studenten	8,0	16,0	76,0
			Kinder	13,0	2,0	85,0
1982	SAIDOW	ca.120	Jugendl. (16 J.)	o.A.		95,0
		ca.120	Schüler (6 J.)	o.A.		91,7
1985	OESERT/GELLERT	1148	Rechtshänder	o.A.		94,9
		46	Linkshänder	56,5		o.A.

Abb. 3. Füßigkeit, Seitenpräferenz beim Geschicklichkeitstest „Ballstoßen" (Oberbeck, 1989, S. 34)

Die rechtsseitige Dominanz ist bei den unteren Extremitäten weniger gravierend als bei den oberen Extremitäten. Eine Reihe von Studien des letzten Jahrhunderts hat Rechts- und Linkshänder auf ihre Füßigkeit untersucht (Abb. 3), dabei wurde die Füßigkeit anhand des Geschicklichkeitstests „Ballstoßen" ermittelt. Die Ergebnisse bestätigen eine deutlich höhere Hand-Fuß-Konkordanz bei Rechtshändern (ca. 90 %) als bei Linkshändern (ca. 60 %) (Oberbeck, 1989).

Mit Bethe (1933) begann die Zeit der Untersuchungen, die nicht nur noch „einfache" Koordinationsaufgaben durchführten um die Fußgeschicklichkeit zu überprüfen, sondern sich das Ziel setzten, komplexe sportmotorische Fähigkeiten zu bestimmen. Besonders interessant waren die Untersuchungen zur Absprunghäufigkeit in Abhängigkeit der Händigkeit. Hier konnte die Hand-Fuß-Konkordanz von ca. 90 % bei Rechtshändern nicht bestätigt werden und fiel deutlich geringer aus, so dass bei einer Vielzahl von Menschen von einer gekreuzten Seitigkeit gesprochen werden kann (Oberbeck, 1989). Weitere Untersuchungen konnten die Ergebnisse von Bethe (1933) bestätigen (Abb. 4).

Jahr	Autor	Testgruppe	Häufigkeit in % L	L=R	R	Testform
1930	KAMM	190 Linkshänder	68,0	8,0	24,0	'Abspringen'
1932	SCHOTT	217 Polizisten	46,5	0,5	53,0	Hochsprg.Anl.rechtw.
1932	SCHOTT	Polizisten	52,0	1,0	47,0	Hochsprg.Anl.seitl.
1933	BETHE	93 Rechtshänder	35,5		64,5	'Absprung'
		42 Linkshänder	52,4		47,6	
1959	SPILLE	158 Rechtshänder (Sportstudenten)	43,6	5,7	50,7	Weitsprung
		142 Rechtshänder	37,4	13,4	49,2	Sprungkraft
		155 Rechtshänder	67,7		32,3	Schersprung
1963	LAND- GRAF/ STEIN- BACH	1675 Leistungssportler (Leichtath.)	58,0		42,0	'Absprünge, Start'
		1498 Rechtshänder	57,2		42,8	
		177 Linkshänder	65,0		35,0	
1973	STAROSTA (Po)	1175 Leistungssportler (LA,T,Eisl.)	53,8		46,2	Weitsprung/Männer
			46,4		53,6	Weitsprung/Frauen
			93,9		6,1	Hochsprung/Männer
			66,7		33,3	Hochsprung/Frauen
1976	WASMUND	330 Studenten	40,0	6,0	54,0	Weitsprung
		175 Grundschüler	35,0	10,0	55,0	Weitsprung
		330 Studenten	19,0	24,0	57,0	Hinkbein/Hüpfen
			80,0	2,0	18,0	Scher-u.Hocksprg.
1982	SAIDOW (SU)	ca. 120 Jugendliche, 16 Jahre			43,3	Weitsprung
			o.A.	o.A.	46,7	Hinkbein
					21,7	Überspringen v.Hd.
1982	FUMOTO (J)	141 männlich	43,0	1,0	56,0	Weitsprung
		73 weiblich	44,0	1,0	55,0	Weitsprung
		141 männlich	41,0	9,0	51,0	Hinkbein/Hüpfen
		73 weiblich	22,0	3,0	75,0	Hinkbein/Hüpfen

Abb. 4. Füßigkeit, Seitenpräferenz bei Absprüngen (Oberbeck, 1989, S. 39)

Analysen von Landgraf und Steinbach (1963) ergaben Differenzen der Beinstärke im Seitenvergleich und zeigten eine eindeutige Linksdominanz auf. Demnach war bei 52 % der Probanden das linke Bein, bei 32 % beide Beine gleich stark und bei nur 16 % das rechte Bein stärker. Diese Ergebnisse sind ebenfalls ein Indiz für eine geringere Hand-Fuß-Konkordanz bei Kraft und kraftintensiven Bewegungen der unteren Extremitäten.

Es ist schwierig von einer generellen Füßigkeit bzw. Beinigkeit zu sprechen, da es, abhängig von der ausgeführten Bewegung, zu höheren Präferenzschwankungen kommt als bei der Händigkeit. Oberbeck (1989) bezeichnet in diesem Zusammenhang lediglich eine Hand-Fuß-Konkordanz bei Geschicklichkeitsübungen als empirisch gesichert.

Der Versuch von einer allgemeinen Präferenz bei den unteren Extremitäten zu sprechen kann lediglich durch eine Reihe von Funktionsproben angedeutet werden. Wirth (2000) geht bei ca. 20-30 % der Rechtshänder von einer Linksbeinigkeit aus. Grundlage seiner Beurteilung sind die Faktoren „Hüpfen auf einem Bein, Ball mit dem Fuß stoßen, auf einen Stuhl steigen" (Wirth, 2000, S. 77). Die Bestimmung des Spielbeins im Fußball scheint aufgrund des primär technisch-koordinativen Beanspruchungsprofils des fußballspezifischen Handlungsspektrums (Bisanz & Gerisch, 2013) eher über Geschicklichkeitstests zu ermitteln zu sein.

2.3 Lateralität im Sport

Lateralitätsphänomene betreffen neben dem Alltag auch den Sport und können in individuellen Konstellationen vorliegen. In Abhängigkeit der Sportart bzw. sportlichen Disziplin muss der Fokus auf bestimmte Seitigkeitsphänomene gelegt werden und im Kontext der kompletten Bewegungsausführung betrachtet werden. Im Zentrum sportlichen Handelns liegen die drei Faktoren Händigkeit, Füßigkeit und Drehseitigkeit, welche wiederum acht mögliche Konstellationen zulassen diese miteinander zu kombinieren (Oberbeck, 1989) und je nach Sportart zu unterschiedlichem Gewicht an der Bewegung beteiligt sind. Um eine möglichst aussagekräftige Lateralitätstypologie für die einzelnen Sportarten bestimmen zu können, müssen grundlegende statistische Erhebungen durchgeführt werden. Zuerst muss die Häufigkeitsverteilung der jeweiligen dominanten Seitigkeitsphänomene bestimmt werden, darüber hinaus muss geklärt werden, inwieweit Seitigkeitstypen mit der Sportart korrelieren bzw. eine Benachteiligung vorliegt und schlussendlich muss der Frage nachgegangen werden, ob es eine mögliche idealtypische Kombination aller Lateralitäten gibt (Oberbeck, 1989). Um eine mögliche Idealkombination zu definieren, müssen einerseits erfolgreiche

Leistungssportler hinsichtlich ihrer Lateralitätskonstellation betrachtet werden und andererseits die Sportart aus bewegungswissenschaftlicher Sicht analysiert werden. Besonders „im Leistungssport bedingen das Anforderungsprofil einer Sportart und die Lateralität fast immer morphologisch-strukturelle, nicht seitengleich ausgeprägte Anpassungen des tendomuskulären Systems" (Hottenrott & Hoos, 2013, S. 482). Thienes (2000, S. 61) geht davon aus, dass „mit zunehmender Komplexität einer Bewegungsaufgabe nicht nur die Ausprägung der Lateralität größer wird, sondern darüber hinaus auch die Veränderbarkeit der Seitigkeitsverhältnisse durch Training und Übung unter sportartenspezifischen Bedingungen zunimmt".

Bei Betrachtung verschiedener Sportarten scheint die Thematik Lateralität von unterschiedlich starker Bedeutung zu sein. Oberbeck (1989, S. 55) weist in diesem Zusammenhang darauf hin, dass „je stärker der Erfolg in einer Sportart/ -disziplin von konditionellen (Kraft, Schnelligkeit, Ausdauer) und weniger von koordinativen Fähigkeiten bestimmt wird, umso größer ist die Chance, eine ungünstige Konstellation auszugleichen". Des Weiteren müssen Sportarten nach ihren Grundstrukturen der Bewegungsabläufe unterschieden werden. Sportarten mit einem typischen zyklischen Bewegungscharakter sind Disziplinen, bei denen schnellstmöglich eine vorgegebene Distanz mit oder ohne Zusatzgeräte bewältigt werden muss. Im Fußballsport und anderen Ballsportarten finden sowohl zyklische als auch azyklische Bewegungsmuster Anwendung. Dabei ist für den Fußballspieler besonders die zyklische und azyklische Bewegungsschnelligkeit von großer Bedeutung. Zu den zyklischen Bewegungsformen gehören Antritte und Läufe und zu den azyklischen Torschüsse, Pässe, Finten, Tacklings etc., bei denen häufig die Schnelligkeit der Ausführung elementar zum Erfolg der Bewegung beiträgt (Dargatz, 2008). Gerade bei den azyklischen Bewegungsmustern, wie dem Torschuss, muss ein koordinativ höchst anspruchsvolles Zusammenspiel zwischen beiden Körperhälften erfolgen, um die auf den Sportler wirkenden Kräfte aufzufangen (Eder & Hoffmann, 2010).

Eine Grundsatzfrage im Zusammenhang der Bewegungsabläufe im Kontext der Sportart bleibt, ob die jeweilige Sportart eine Lateralität oder eine Bilateralität der jeweiligen Körperregionen bedingt bzw. bevorteilt. Darüber hinaus bleibt zu klären, ob eine Bevorteilung bestimmter Lateralitäten oder Lateralitätskombinationen vorliegt.

In vielen Sportarten scheint eine Linksdominanz einen relativen Vorteil gegenüber einer Rechtsdominanz zu bringen. Dabei profitieren links lateralisierte Sportler häufig davon, dass sie seltener sind und sich dadurch einen Vorteil gegenüber den rechts lateralisierten Sportlern sichern können (Jutzi, 2014). Behnke, Bräuninger und Shikano (2010) nennen neben dem Fußball, auf den später noch einmal genauer eingegangen wird, z.B. den Boxsport und Tennis als Sportarten, in denen eine Linkshändigkeit eine günstige Wettkampfbedingung schafft. Fischer (1988) vermutet, dass besonders Sportler aus Individualsportarten, die Eins gegen Eins ausgetragen werden, von einer Linksseitigkeit profitieren. Dabei dürfte in erster Linie der taktische, aber auch der spieltechnische Aspekt den Ausschlag geben. Die meisten linkshändigen Boxer kämpfen in Rechtsauslage und können den Gegner taktisch besser überraschen als ein Linksausleger. Im Tennis ist beispielsweise anzunehmen, dass der Linkshänder eine stärkere Rückhand als der Rechtshänder entwickelt haben könnte. Die Begründung liegt darin, dass der Linkshänder durch die ständige Herausforderung gegen Rechtshänder zu spielen besser gelernt hat, die Crossbälle mit seiner Rückhand zu verarbeiten. Diese Gewöhnung findet bei Rechtshändern in einem geringeren Maße statt und könnte im Zuge dessen zu technischen und taktischen Vorteilen führen (Fischer, 1988).

In Untersuchungen von Porac und Coren (1981) konnten diese Vorteile in einer Studie teilweise nachgewiesen werden. Dabei wurde das mittlere Leistungsniveau von Sportlern aus 15 Sportarten in Bezug auf ihre Lateralisation der Hände, Füße und Augen untersucht. Im Hinblick auf die Hände konnte bei Boxern ein signifikant höheres Leistungsniveau bei Linkshändern festgestellt werden. Bei den Füßen konnten in keiner Sportart signifikante Unterschiede des Leistungsniveaus festgestellt werden. In einer darauf aufbauenden Untersuchung wurden weiterführend die Präferenzmuster der untersuchten Sportler hinsichtlich der Seitigkeitsvariablen analysiert. Porac und Coren (1981) prüften, inwiefern sich wechselnde bzw. konsistente Präferenzmuster auf das Leistungsniveau von Sportlern auswirken. Für die Beinigkeit konnten signifikante Vorteile wechselnder Beinpräferenzen für das Fußballspiel ermittelt werden. In neun von 15 Sportarten war eine variable Händigkeit vorteilhaft, wobei lediglich die Sportarten Basketball, Feld- und Eishockey statistische Signifikanzen aufwiesen (Porac & Coren, 1981). Bei diesen Sportarten, ähnlich wie dem Fußball, werden schnelle Reaktionsmuster auf beiden Körperseiten gefordert und es muss koordinativ mit großer Präzision auf unvorhersehbare Spielsituationen reagiert werden (Fischer, 1988). Die Sinnhaftigkeit einer größtmöglichen Beidseitigkeit scheint in diesem Kontext nur einleuchtend zu sein. Im Gegensatz dazu konnten bei Rückschlagspielarten signifikante Vorteile von konsistenten Präferenzmustern festgestellt werden (Porac & Coren, 1981). Da Rückschlagspielarten in der Regel komplett einhändig ausgeübt werden, scheint eine Extremdominanz einer Seite in diesen Sportarten dementsprechend vorteilig zu sein. Bei Betrachtung verschiedener Konstellationen von Seitigkeiten der Hände, Füße und Augen konnten bei einigen Sportarten signifikante Leistungsunterschiede festgestellt werden. So scheinen Schießsportarten stark von einer Hand-Auge-Kongruenz zu profitieren (Porac & Coren, 1981). Dies erscheint Fischer (1988, S. 77) „aufgrund sportgerätspezifischer Aspekte von Handhaltung und Anvisieren des Zieles" zweckdienlich. In anderen Sportarten (u.a. Baseball, Basketball, Turnen und Laufdisziplinen) scheint eine gekreuzte

Auge-Hand-Koordination von Vorteil zu sein (Porac & Coren, 1981). Im Fußball konnte ein signifikant höheres Leistungsniveau im Zusammenhang mit einer gekreuzten Hand-Fuß-Präferenz festgestellt werden (Fischer, 1988).

Im Kontext dieser Arbeit ist die Betrachtung der Lateralitäten bei Sportarten, die ein Zusammenspiel beider Beine erfordern, besonders interessant. Funktionelle Asymmetrien der unteren Extremitäten im Sport betreffen häufig die Präferenz des Absprungbeins. Bei einigen Disziplinen bzw. Sprungtechniken, z.B. dem Schersprung, gibt es allerdings eine arbeitsteilige Leistung an dem Gesamtkonzept der Bewegung, die die Frage nach der Seitendominanz offen lässt. In diesem Fall müssen beide Beine unterschiedliche Bewegungshandlungen als Teil der Gesamtbewegung erbringen und dominieren (z.b. beim Hochsprung). Fischer (1988) spricht in diesem Kontext von einem Standbein und einem Schwungbein, welche die klare Aufgabenteilung verdeutlichen.

Abschließend lässt sich sagen, dass Lateralitätsphänomene einen extremen Einfluss auf den Leistungssport haben. Oberbeck (1989) ist der Meinung, dass mit dem Leistungsniveau auch der Anteil der Seitigkeitstypen zunimmt, die dem idealtypischen Technikmodell ihrer Sportart oder Disziplin entsprechen.

3. Lateralität im Fußball

In diesem Teil der Arbeit wird speziell auf die Lateralitätsphänomene im Fußball eingegangen und untersucht, welche Auffälligkeiten und Besonderheiten dabei zu beobachten sind. Dabei werden die Lateralitäten der unteren Extremitäten im Kontext Fußball und der Charakteristik des Fußballspiels genauer betrachtet. Im Fokus stehen hierbei die Aufgabenverteilungen beider Beine, welche fußballspezifisch als Spiel- und Standbein bezeichnet werden.

Fußball unterscheidet sich von anderen populären Ballsportarten wie Basketball, Handball, Volleyball etc. dadurch, dass es in erster Linie mit den Füßen, jedoch vor allem ohne Hände gespielt wird. Ausnahmen stellen der Einwurf und die Position des Torwarts dar, der den Ball in den meisten Situation mit den Händen berühren darf. Dies führt zu einer verminderten Kontrolle über das Spielgerät und erschwert den Umgang im Spielgeschehen. Dies ist einerseits auf die feinmotorische Mehrnutzung der Hände im Alltag, andererseits auf die Fähigkeit der menschlichen Hand Gegenstände (z.B. einen Ball) zu greifen und festzuhalten zurückzuführen. Der Fußballer hat dementsprechend nur die Möglichkeit, dem Ball an genau der „richtigen" Stelle einen Kraftimpuls zu geben, um ihn an das gewünschte Ziel zu befördern. Dies führt selbst bei exzellenten „Technikern" immer zu einem gewissen Grad an Unsicherheit im Spiel mit dem Ball am Fuß (Bisanz & Gerisch, 2013). Die Fähigkeit der Hände einen Ball zu fangen, zu greifen und festzuhalten, wie im Basketball oder Handball, bedeutet für das Spielgeschehen fundamentale Unterschiede. Der kontrollierte Griff mit den Händen ist vermutlich die höchste Form der Kontrolle eines Gegenstandes im Sport. Das Spiel kann bei Bedarf verlangsamt und der Ball festgehalten werden, um sich zu positionieren und zu ordnen. Der Ball und das Spiel erscheinen in diesem Moment wie stillzustehen und Mitspieler und Gegenspieler warten auf die nächste Aktion. Im Fußball existiert dieser Zustand nicht, weil der Ball nicht „in Besitz genommen" werden kann und durch die verminderte Kontrolle mit dem Fuß bleibt der Ball immer „frei" (Bausenwein, 2006). Der Gegner kann zu jeder Zeit Ball und Gegner attackieren und versuchen, in Ballbesitz zu kommen. Dies scheint im ersten Moment eine Erschwernis der Handlungsmöglichkeiten zu bedeuten, auf der anderen Seite „gibt es kein Sportspiel, bei dem der gesamte Körper so umfassend im Einsatz ist und der Ball, trotz des Handspiel-Verbotes, auf so vielfältige Weisen bewegt werden kann" (Bausenwein, 2006, S. 59). Neben dem Fuß kommen vor allem der Kopf, die Brust und der Oberschenkel im Spiel zum Einsatz. Diese vielseitigen Möglichkeiten erfordern jedoch auch die Fähigkeit der Spieler, den Ball mit jedweden Körperteilen zu spielen. Diese höchst komplexe technische Umsetzung der fußballspezifischen Fertigkeiten benötigt ein hohes Maß an koordinativer Feinabstimmung, um Körper und Ball zu kontrollieren. Diese Kontrolle muss erlernt werden, wahrscheinlich viel intensiver als das Fangen eines Balls, da die Hände sich in vielerlei Hinsicht als feinmotorisch kompetente Begleiter des Alltags bewiesen haben und die Bedingungen für ein rasches Erlernen der Fähigkeit Ballfangen bereits vorliegen. Dementsprechend ist der Fußballer während des Trainings darauf bedacht, den Umgang mit Fuß und Ball zu perfektionieren. Daraus resultiert jedoch das eigentliche Problem des Fußballsports, das Problem der Lateralität. Die optimale Umsetzung der fußballspezifischen Fertigkeiten gelingt den allermeisten Fußballern nur mit einem Bein bzw. Fuß, da sie eine klare Seitenpriorität beim Fußballspiel zeigen (Thömmes, 2011). Auch Fußballer internationaler Klasse sind von diesem Phänomen betroffen, unabhängig davon in welcher Dekade sie gespielt haben. Wolfgang Overath antwortete einmal auf die Frage nach seinem persönlich größten Problem: „Mein rechter Fuß" und unterstreicht damit einerseits, dass auch auf allerhöchstem Niveau eine extreme „Einfüßigkeit" auftritt, andererseits diese auch kein Hinderungsgrund für eine erfolgreiche Karriere darstellen muss (Bausenwein, 2006).

Um die Rolle der Lateralität im Fußball einordnen zu können, muss man zunächst einen Blick auf die quantitative Aufteilung der Fußdominanzen werfen. In einer Analyse der Fußballweltmeisterschaft 1998 beobachteten Carey et al. (2001) alle Ballaktionen (19.295 individuelle Spielaktionen) von 236 Spielern und definierten Rechtsfüßer und Linksfüßer nach der Häufigkeit, mit der sie den Ball berührten. Dabei konnte mit 79,2 % ein Übergewicht der Rechtsfüßer gegenüber Linksfüßern (20,8 %) festgestellt werden. 20 Spieler konnten aufgrund zu weniger Ballkontakte (< 20) nicht klar eingeordnet werden und fielen aus der Wertung heraus. Jutzi (2014) geht auf Erhebungen der deutschen Bundesliga und des griechischen Profifußballs ein, in denen die Zahl der Linksfüßer auf ca. 16-18 % geschätzt wird. Althoff (1997) geht ebenfalls von ca. 18 % Linksfüßern in der Bundesliga aus. Eine Analyse der Bundesliga und verschiedener europäischer Top-Ligen von Bryson, Frick und Simmons (2013) ermittelten sogar Linksfüßeranteile von über 20 % (Bundesliga: 23,8 %; Europa: 22,4 %). Im Fußball scheint es ein leicht erhöhtes Aufkommen von linksdominanten Spielern gegenüber anderen Sportarten zu geben. Vergleicht man die Werte von Jutzi (2014), Carey et al. (2001), Althoff (1997) und Bryson et al. (2013) mit dem Anteil an Linksfüßern im Breitensport grundsätzlich (16,6 %) und bei Spitzensportlern in der Leichtathletik (14,2 %), lässt sich erkennen, dass der Wert im Vergleich zu anderen Sportarten wie der Leichtathletik als leicht erhöht einzuschätzen ist (Oberbeck, 1989). Carey et al. (2001) stellten ebenfalls eine leicht erhöhte Anzahl an Linksfüßern im Fußball gegenüber der Normalbevölkerung fest.

In einer Untersuchung von Carey, Smith, Martin, Smith, Skriver, Rutland und Shepherd (2009) wurden 400 Amateurfußballer und 426 Profifußballer in Bezug auf ihre Füßigkeit untersucht. Bei den Amateurspielern lag der Anteil an Rechtsfüßern bei ca. 80 % während bei den Profispielern nur 75 % eine Rechtsfüßigkeit aufwiesen. Dies bestärkt einerseits die Vermutung, dass im Fußballsport ein verhältnismäßig hoher Anteil an Linksfüßern vorkommt, andererseits weist es auf eine mögliche Tendenz hin, dass das Leistungsniveau mit dem Anteil der Linksfüßigkeit positiv korreliert. Peter Knäbel, der Sportchef des Hamburger Sportvereins, äußerte sich 2015 in einem Artikel von Braasch und Rebien (2015) zu dem hohen Anteil von Linksfüßern (7) seiner Mannschaft im letzten Spiel. Von einem generellen Vorteil von Linksfüßern würde er in diesem Zusammenhang nicht sprechen und wies auf ein ausgeglichenes Verhältnis als

Idealzustand hin. Persönlich sieht er vor allem in der Innenverteidigung den Vorteil eines Linksfußes neben einem Rechtsfuß, die positiven Effekte von einer Linksdominanz hält er aber in anderen Sportarten wie Tennis für größer. Auch Greulich und Neveling (2015) nennen die fußabhängige Besetzung der beiden Innenverteidiger-Positionen als sinnvoll und verweisen dabei auf Louis van Gaal, dem Trainer des FC Bayern München 2009, der die linke Innenverteidiger-Position durch den Nachwuchsspieler Holger Badstuber (Linksfuß) besetzte und den Weltmeister Lucio (Rechtsfuß) aus der Startformation herausnahm.

Da einige Spielpositionen scheinbar den Gebrauch eines bestimmten Fußes begünstigen und Rechtsfüßer im Normalfall ein quantitatives Übergewicht im Teamgefüge ausmachen, kann man davon ausgehen, dass Rechtsfüßer häufiger linkstypische Spielpositionen bekleiden müssen und folglich vermehrt dazu tendieren, das Standbein für Aktionen mit Ball zu nutzen. Neben der spontanen situationsbedingten Bevorzugung des Standbeins liegt die Vermutung nahe, dass Rechtsfüßer darüber hinaus linkstypische spielpositionsspezifische Manöver bereits im Training einstudieren, um auf der vermeintlich linksfußbegünstigen Position bestmöglich zu agieren. Die Annahme, dass Rechtsfüßer häufiger den linken Fuß für die Ballverarbeitung verwenden als anders herum, konnten Carey et al. (2001) jedoch nicht bestätigen. Demnach verwendeten bei der Fußball-WM 98 die Rechtsfüßer zu 83,7 % und die Linksfüßer zu 81,8 % ihr Spielbein für Ballberührungen während des Spiels und wiesen damit nahezu identische Werte auf. Ein Blick auf die verschiedenen ballspezifischen Spielhandlungen lässt lediglich auf eine größere Beidfüßigkeit der Rechtsfüßer beim Torschuss schließen (Rechtsfüßer: Spielbein = 74,3 % / Standbein = 25,7 %; Linksfüßer: Spielbein = 87,2 / Standbein = 12,8 %). Eine weitere Auffälligkeit ist, dass scheinbar defensive Spielhandlungen, wie das Ballklären oder Tackling, tendenziell weniger von der Beindominanz beeinflusst werden als offensive Spielhandlungen. Die extremste Spielbeindominanz konnten Carey et al. (2001) bei den Standardsituationen feststellen (Abb. 5). Auch der Erfolg der Spielaktionen sind nach Carey et al. (2001) bei beiden Gruppen ähnlich verteilt (Rechtsfüßer: 87 %; Linksfüßer: 85,7 %).

Action	Left-footed players		Right-footed players	
	Left foot	Right foot	Left foot	Right foot
First touch	79.5	20.5	23.3	76.7
Clearance	75.0	25.0	27.5	72.5
Dribble	83.8	16.2	12.6	87.4
Pass	84.6	15.3	13.6	86.4
Set piece	94.4	5.6	3.8	96.2
Shot on goal	87.2	12.8	25.7	74.3
Tackle	73.9	26.1	26.8	73.2

Abb. 5. Percentage of each action performed by the left and the right foot in left- and right-footed players (Carey et al., 2001, S. 860)

Es drängt sich weiterhin die Frage auf, ob die nach wie vor bestehende Minderheit der Linksfüßer gegenüber Rechtsfüßern im Fußball mit einem besonders hohen Stellenwert einhergeht und taktisch-strategische Vorteile mit sich bringt und damit diesen vergleichsweise höheren Wert gegenüber anderen Sportarten erklärt. Die Symmetrie des Spielfelds spricht zumindest für ein ausgeglichenes Verhältnis von Links- und Rechtsfüßern, bzw. von der Fähigkeit den Ball beidfüßig zu spielen. Darüber hinaus wird Linksfüßern häufig eine gewisse Begabung nachgesagt. In einem Artikel von Althoff (1997) nahmen einige Psychologen und Fußballtrainer Stellung zu der Begabung von Linksfüßern im Fußball. Der Psychologe Dr. Ivo-Kurt Cizek begründet diese durch eine verbesserte Raum-Wahrnehmung im Zuge der Hemisphärenspezialisierung. Dr. Barbara Sattler bestärkt diese These und begründet diese durch die Fähigkeit von Linksfüßern, die Abfolge mehrerer Ereignisse parallel zu erfassen. Sie sieht vor allem den Vorteil im strategischen Denken und Ideenreichtum, was jedoch nicht zwangsläufig zu Erfolg im Fußball führen muss. Der Fußballtrainer Felix Magath attestiert linksfüßigen Fußballern einen gewissen „Spielwitz", während sein Berufskollege Frank Pagelsdorf Linksfüßer als die besseren „Spielregisseure" sieht. Dies würde bedeuten, dass Linksfüßer nicht nur aufgrund ihres unterdurchschnittlichen Vorkommens, sondern auch unter dem Aspekt des erhöhten Maßes an Spielintelligenz bessere Voraussetzungen für das Fußballspiel, besonders auf der Position des Spielgestalters, mitbringen. Diese Einschätzungen erscheinen im bereits angesprochenen Kontext der unterschiedlichen Denkstrategien beider Gehirnhälften durchaus nachvollziehbar, können im Kontext Fußball jedoch nicht als wissenschaftlich gesichert bezeichnet werden.

Nach Untersuchungen von 3127 Fußballern aus fünf großen europäischen Fußballligen von Bryson et al. (2013), bekommen Linksfüßer ein höheres durchschnittliches Gehalt als Rechtsfüßer. Auch Beidfüßigkeit scheint für Fußballvereine einen gewissen Mehrwert zu bedeuten. Beidfüßige Spieler verdienten in den europäischen Ligen im Schnitt 14-15 % mehr als Rechtsfüßer und in der Bundesliga 13,2 % mehr. Inwieweit eine Beidfüßigkeit spieltechnische und spieltaktische Vorteile bringt, lässt sich nur erahnen. In Analysen der Fußball-WM 98 versuchten Carey et al. (2001) aufzuzeigen, inwieweit sich eine Beidfüßigkeit auf den Erfolg von technischen Fertigkeiten im Spielgeschehen auswirkt. Es konnten allerdings keine signifikanten Unterschiede bezüglich der Erfolgsrate bei Spielaktionen wie der Ballannahme, Klärversuchen, Dribblings, Passspiel, Standardsituationen, Schüssen und Tacklings zwischen tendenziell beidfüßig und stark einbeinig veranlagten Spielern gefunden werden (Carey et al., 2001). Spieltaktisch scheint eine Beidfüßigkeit zumindest mit einer positionsspezifischen Vielseitigkeit einher zu gehen (Bryson et al., 2013).

Neben lateralen Präferenzen bei der technischen Umsetzung sind im Fußball auch andere laterale Auffälligkeiten zu beobachten. Bei der Betrachtung des sportmedizinischen Profils von Fußballern wird deutlich, dass auch Verletzungen Seitenpräferenzen aufweisen. Nach Biener und Lüthi (1981) sind sowohl das rechte Bein als auch der rechte Arm besonders anfällig für Verletzungen im Fußball. 62 % der Verletzungen der Beine sind rechts diagnostiziert worden und 38 % links. Diese Daten sind unabhängig von der Füßigkeit erhoben worden und lassen nur vermuten, dass das dominante Bein (Spielbein) häufiger von Verletzungen betroffen ist.

3.1 Technische Fertigkeiten und Lateralität

Wenn im Fußball von einer Lateralität gesprochen wird, ist damit meistens die Bevorzugung eines Fußes aufgrund der besseren Fußballtechnik bzw. spieltechnischen Fertigkeiten gemeint. Die spieltechnischen Fertigkeiten stellen neben den konditionellen Fähigkeiten und der Taktik eine der drei großen Säulen des Fußballspiels dar. Unter der Fußballtechnik versteht man „alle motorischen Spielhandlungen, die situationsspezifisch effizient, d.h. unter Zeit-, Raum- und Gegnerdruck, präzise und zielbestimmt ausgeführt werden" (Bisanz & Gerisch, 2013, S. 317). Die Technik ermöglicht erst ein gewisses Spielniveau und ist Grundlage für die Durchführung eines taktischen Spielkonzepts. Ziel eines Techniktrainings ist es einerseits Bewegungsabläufe zu perfektionieren und andererseits schnelle Anpassungen von Bewegungsfertigkeiten an neue Spielsituationen zu gewährleisten. Spielpositionen haben dabei einen direkten Einfluss auf die Häufigkeit bestimmter zielgerichteter Bewegungen im Fußball (Bloomfield, Polman & O`Donoghue, 2007). Typische Bewegungsformen, bei denen der Ball am Fuß geführt oder gespielt wird, sind das Dribbling, der Pass, der Torschuss, die Flanke und die Ballannahme.

Das Ballführen (Dribbling) ist eine Grundtechnik, bei der der Ball möglichst sicher und kontrolliert am Fuß geführt wird. Dies geschieht bei unterschiedlicher Geschwindigkeit und kann unter der Bedrängnis des Gegners oder während des Überwindens eines freien Raums geschehen. Grob lässt sich das Dribbling in das „ballhaltende Dribbling", das „Tempodribbling" und das „gegnerüberwindende Dribbling" unterteilen (Bisanz & Gerisch, 2013). Eine enge Ballführung ist gerade im Hinblick auf das Dribbling gegen einen Gegner vorteilig, um diesem das Ballstehlen zu erschweren. Der Ball sollte soweit wie möglich vom Gegner entfernt gedribbelt werden, vorzugsweise mit dem gegnerfernen Fuß, um den Ball von dem Gegner abzuschirmen (Buschmann, Bussmann & Pabst, 2012). Dies erschwert es dem Gegenspieler den ballführenden Spieler beim Dribbling zu stören, ohne ihn zu foulen. Den Ball gegnerfern zu führen setzt wiederum die Fähigkeit voraus, den Ball beidfüßig effizient dribbeln zu können. Bestimmte Positionen in Spielsystemen bedingen verschiedene Ansprüche an die Dribbelfähigkeiten der Spieler. Während zentrale defensive Spieler selten zu einem Tempodribbling oder einem Dribbling gegen den Gegner ansetzen und den Ball möglichst sicher führen bevor sie ihn abspielen, sollten Offensivspieler genau diese Fähigkeiten mitbringen. Das gegnerüberwindende Dribbling erfordert ein hohes Maß an Ballgeschicklichkeit, Antrittsschnelligkeit und Zielstrebigkeit (Bisanz & Gerisch, 2013). Untersuchungen des Spielverhaltens mit Ball von Bloomfield et al. (2007) anhand von 55 Fußballspielern der englischen Premier League zeigten, dass Verteidiger (12) deutlich weniger Dribblings im Spiel aufweisen als Stürmer (18) und Mittelfeldspieler (22,7). Eine bestmögliche Dribbelbeidfüßigkeit bringt im Dribbling gegen den Gegenspieler nicht nur die Möglichkeit, den Ball möglichst gegenspielerfern zu spielen, sondern auch die Fähigkeit, auf beiden Seiten an dem Gegenspieler vorbeizuziehen ohne die Kontrolle über den Ball zu verlieren. Ein breites beidfüßiges Bewegungsrepertoire schafft erst die Grundlage für Entscheidungsfähigkeit und kreatives Handeln. Erst das Beherrschen unterschiedlicher Finten und alternativer Anschlusshandlungen mit beiden Beinen ermöglicht es einem Fußballer sich in Eins gegen Eins-Situationen oder gegen mehrere Gegenspieler durchzusetzen und zu überraschen (Schreiner, 2009). Verteidigern fällt es schwerer, die Bewegungen von beidfüßigen Angreifern zu lesen und deren Handlungen vorauszusehen (Bryson et al., 2013). Im Gegensatz zu den Außenpositionen und den Spielpositionen in der eigenen Abwehrreihe können zentrale Feldspieler aus allen Richtungen auf engem Spielraum von dem Gegner bedrängt werden. Auf diesen Positionen müssen ballhaltende Dribblings beherrscht werden. Dabei wird der Ball möglichst geschickt abgeschirmt und der Raum in alle möglichen Laufrichtungen ausgenutzt, um den Gegner vom Ball fern zu halten. Der Ball sollte flexibel sowohl mit der Innen- und Außenseite, als auch mit dem Spann beider Beine eng geführt werden können.

Bei der Betrachtung heutiger extrem „einseitiger" Spieler wie z.B. Arjen Robben, scheint ihr typisches Spiel tatsächlich vergleichsweise vorhersehbar zu sein. Schnelles Dribbling über die Spielfeldseite des schwachen Fußes, bevor der Gegenspieler eingreift die Bewegung in die Mitte und der Torschuss mit dem starken Fuß. Trotz dieses immer wiederkehrenden Bewegungsmusters, auf das die meisten Verteidiger mit großer Wahrscheinlichkeit vorbereitet sind, gelingt es Spielern wie Arjen Robben immer wieder erfolgreich den Gegenspieler zu überwinden und zum Torabschluss zu kommen. Der Überraschungseffekt und ein großer Variantenreichtum bringen besonders im Offensivspiel sicher Vorteile, doch bestimmen nicht ausschließlich über Erfolg oder Misserfolg. Eine einseitige perfektionierte Offensivaktion kann trotzdem zu dem gewünschten Erfolg führen, solange die konditionellen und spielerischen Fähigkeiten mangelnde Vielseitigkeit und den Überraschungseffekt kompensieren können.

Neben dem Dribbling stellt das Passspiel bzw. Flanken die zweite Möglichkeit dar, den Ball zielgerichtet auf dem Spielfeld zu bewegen, um Raum und Gegner zu überwinden. Idealerweise kommt es zu einem flüssigen und sicheren Kombinationsspiel, bei dem der Ball über Passwege aus der Abwehr über das Mittelfeld zum gegnerischen Tor befördert wird. Die Ergebnisse von Bloomfield et al. (2007) verdeutlichen, dass vor allem Mittelfeldspieler an dem Kurzpassspiel beteiligt sind. Diese (27,3) wiesen eine deutliche höhere Anzahl an Kurzpässen pro Spiel auf, als Verteidiger (9) und Stürmer (13,9). Weite Pässe wurden primär von den Verteidigern gespielt (Verteidiger: 9,7; Mittelfeldspieler: 7; Stürmer: 1,3). Diese Werte spiegeln jedoch vermutlich nicht mehr genau das Spielverhalten aktueller Mannschaften wider, da vor allem der ruhige Spielaufbau und der Ballbesitz an Aufmerksamkeit gewonnen hat und Verteidiger immer mehr ins Aufbauspiel einbezogen werden (Bisanz & Gerisch, 2013). Der Pass kann mit unterschiedlichen Variationen gespielt werden, bei dem verschiedene Bereiche des Fußes den Ball berühren können. Der Pass mit der Innenseite ist besonders für genaue Pässe über eine kurze Distanz geeignet, da die Innenseite des Fußes eine große Trefffläche aufweist. Spannstöße werden genutzt, um den Ball über weite Entfernungen zu spielen oder auch dem Zuspiel einen gewissen Effet zu geben (Bisanz & Gerisch, 2013). An der gegnerischen Abwehrlinie (die letzten Spieler vor dem gegnerischen Tor) können auch riskantere Pässe ein probates Mittel sein, um den Defensivverbund des Gegners zu überwinden. Bereits ein technisch schwach ausgeführter Pass kann die Kombinationskette unterbrechen und den Ballverlust zur Folge haben. Dies kann vor allem in der eigenen Hälfte und besonders in der eigenen Abwehrreihe spielentscheidende Konsequenzen haben. Der Gegner kann solche Fehler direkt in einen gefährlichen Gegenstoß umsetzen und muss nur wenig Raum und Gegenspieler auf dem Weg zum Tor überwinden. Ein solcher Ballverlust ist zusätzlich an einen Überraschungsmoment gekoppelt und geht meist mit einer Unsortiertheit des Defensivverbundes einher. In diesem Kontext scheint es ratsam, dass Fußballer mit beiden Füßen einen sicheren Pass spielen können, besonders die Spieler, die am Spielaufbau aus der eigenen Hälfte beteiligt sind, da in Drucksituationen der Ball nicht immer auf den technisch versierteren Fuß umgelegt werden kann (Bryson et al., 2013). Doch auch beim gegnerfernen Passspiel muss die Beidfüßigkeit gewährleistet sein, um eine hohe Handlungsschnelligkeit aufrechtzuerhalten. Der Assistenztrainer der deutschen Fußballnationalmannschaft bei der WM 2014 Hans-Dieter Flick nennt ein sicheres Passspiel die Grundlage jeder Ballzirkulation und bestärkt dadurch die Bedeutsamkeit für den Spitzenfußball (Hyballa & te Poel, 2014).

Der Torschuss ist die finale Spielaktion eines Angriffs und entscheidet über den Erfolg des Angriffzuges. Starosta (1988) untersuchte während verschiedener Fußballwettkämpfe die Torabschlüsse der Spieler und analysierte die Schüsse anhand des genutzten Beines. Er kam zu dem Schluss, dass die torgefährlichsten Spieler in der Regel mit beiden Beinen erfolgreich abschließen können und dass ein beidbeiniges Schusstraining bei Fußballern dementsprechend sinnvoll ist. Der Torschuss wiederum gebührt in erster Linie den Offensivkräften einer Fußballmannschaft. Neben den Stürmern haben im heutigen Fußball auch die Mittelfeldspieler die Aufgabe, selbst Tore zu erzielen. Bei der WM 2010 haben die Mittelfeldspieler 67 Tore, die Stürmer 61 Tore und die Verteidiger 14 Tore erzielt (Buschmann, Krüger & Otto, 2013). Dass die Torausbeute der Stürmer geringer ausfällt als die der Mittelfeldspieler ist jedoch der Tatsache geschuldet, dass die meisten Spielsysteme ein deutliches Übergewicht an Mittelfeldspielern gegenüber Stürmern aufweisen. Im modernen Fußball wird häufig nur noch mit einem Stürmer agiert, der durch die offensiven Mittelfeldspieler offensiv unterstützt wird.

Der Torschuss ist vom Bewegungsablauf ähnlich wie der Pass, nur mit dem Ziel, den gegnerischen Torhüter zu überwinden und das Tor zu treffen. Wie beim Passspiel gibt es verschiedene Schussvariationen, die in Abhängigkeit von der eigenen Position, der Position des Torhüters und der der Gegenspieler angewendet werden können. Wie beim Pass gilt der Schuss mit der Innenseite als der sicherste und zielgenaueste Abschluss, während der Vollspannstoß ein höheres Maß an koordinativem Bewegungsgefühl und explosiver Kraft benötigt (Bisanz & Gerisch, 2013). Der Torabschluss kann durch ein vorangegangenes Dribbling kreiert oder durch ein Passspiel eingeleitet worden sein. Einige Spieler haben einen favorisierten Torabschluss, den sie aus dem Spielverlauf heraus versuchen zu erarbeiten. Dieser kann sich durch eine bestimmte Schusstechnik, dem präferierten Schussbein oder beidem auszeichnen. Carey et al. (2001) beobachteten bei Fußballspielen häufig das Phänomen, dass Spieler trotz klarer Schussmöglichkeit mit dem Standbein, versuchten sich anders zu positionieren, um mit ihrem Schussbein den Abschluss suchen zu können. Bei diesen Spielern ist oft ein eigenes Kreieren des Torabschlusses zu beobachten, in dem sie sich z.B. durch ein Dribbling oder eine Finte auf dem Spielfeld so positionieren, dass sie ihren bevorzugten Torabschluss optimal ausführen können. Ist dies nicht möglich, so dass der Ball mit dem anderen Fuß gespielt werden muss, sind häufig Fehlabschlüsse zu beobachten (Gstöttner, Neher, Scholtz, Millonig, Lembert & Raschner, 2009). Untersuchungen der WM 1986 haben ergeben, dass 70,5 % der erzielten Tore aus direkten Torschüssen resultierten und damit der Anteil des Kreierens von Torabschlusssituationen durch Dribblings eines Spielers deutlich geringer ausfällt (Olsen, 1988). Es scheint vorteilig zu sein, verschiedene Schussvariationen beidbeinig zu beherrschen, um auf alle Eventualitäten vorbereitet zu sein und aus unterschiedlichen Situationen bestmöglich abschließen zu können. Gstöttner et al. (2009) bezeichnen diese Fähigkeit im Fußball als essentiell. Dies gilt insbesondere für Stürmer (Bryson et al., 2013). In einer Untersuchung von Loffing und Hagemann (2014) wurde sogar festgestellt, dass beim Elfmeter linksfüßige Schüsse von Torhütern schlechter eingeschätzt werden konnten als rechtsfüßige Schüsse. Neben der Schussgenauigkeit hat auch die Schussgeschwindigkeit direkten Anteil am möglichen Torerfolg. Dörge, Anderson, Sørensen und Simonsen (2002) belegten die Wichtigkeit einer hohen Schussgeschwindigkeit um ein Tor zu erzielen und begründeten dies durch die verringerte Zeit des Torhüters, auf den Schuss zu reagieren.

Bei Untersuchungen von Starista (1988), der Torabschlüsse der WM 1978 und der ersten polnischen Liga (Ekstraklasa) analysierte, konnte bei beiden ein Übergewicht der mit dem rechten Fuß (Bein) erzielten Tore festgestellt werden. Demnach wurden bei der WM 1978 70 % der Tore mit dem rechten Fuß und 13,3 % mit dem linken Fuß erzielt. In der ersten polnischen Liga waren es 64,2 % mit rechts und 20,5 % mit links. Die restlichen Tore wurden mit anderen Körperteilen wie dem Kopf erzielt. Diese prozentualen Werte entsprechen annähernd den von Jutzi (2014), Althoff (1997) und Carey et al. (2001) erwähnten anteiligen Fußdominanzen im Fußball, nach denen etwa 16-21 % Linksfüßer sind. Bei Betrachtung der Torabschlüsse der WM 1982 konnte Dufour (1992) feststellen, dass 55 % der Tore mit dem rechten Fuß (Bein), 28 % mit dem linken Fuß (Bein) und 15 % mit dem Kopf erzielt wurden. Dementsprechend kam es zu einer Verringerung der Rechtsdominanz im Vergleich zur Vor-WM. Bei weiteren Analysen durch Buschmann, Krüger und Otto (2013) kann man bei der WM 2010 wieder eine leichte Verstärkung der Rechtsdominanz erkennen. Die erzielten Tore mit dem rechten Fuß machten 57,2 % der insgesamt erzielten Treffer aus, während mit dem linken Fuß lediglich 23,4 % der Tore geschossen wurden. Eine eher zunehmende Tendenz der Beidfüßigkeit beim Torabschluss bestätigen die Zahlen von der deutschen Bundesliga-

Hinrunde 2011/12 von Bundesliga.de (2012), bei der die Anzahl der mit links geschossenen Tore auf 31,5 % anstieg, während mit dem rechten Fuß 47,7 % der Tore erzielt wurden (Abb. 6). Dies könnte einerseits auf eine generell zunehmende Beidfüßigkeit beim Torabschluss hinweisen, andererseits gerade beim Vergleich der deutschen Bundesliga mit dem internationalen Fußball auf eine Mehrbeachtung des Standbeins beim Torschuss im deutschen Fußball schließen lassen.

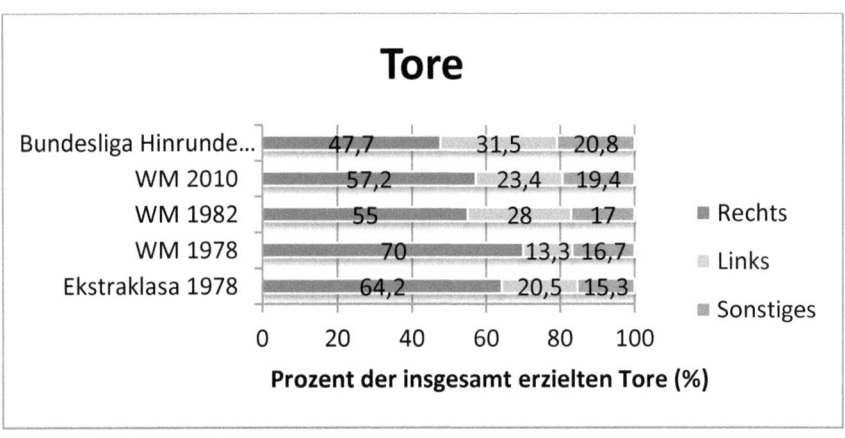

Abb. 6. Seitenpräferenzen bei erzielten Toren im Fußball

Trotz anhaltenden Übergewichts der Tore, die mit rechts erzielt werden, entspricht die prozentuale Aufteilung beider Beine nicht mehr den Dominanzanteilen nach Jutzi (2014), Carey et al. (2001) und Althoff (1997). Dies weist darauf hin, dass sich die Spieler immer häufiger für einen Torabschluss mit dem Standbein entscheiden, vorausgesetzt, dass die Anteile von Links- und Rechtsfüßern über die Untersuchungszeitpunkte konstant waren. Diese Annahmen sind jedoch spekulativ, da bei den angegeben Werten die vorherrschenden Lateralitäten nicht berücksichtigt wurden und so die Auffälligkeiten nur unter Vorbehalt gewertet werden können. Ungeklärt bleibt ebenfalls, ob die nach wie vor mehr erzielten Tore mit rechts auf bessere Schussfertigkeiten des Spielbeins zurückzuführen sind, oder die Anzahl der Torschussversuche mit dem Spielbein nach wie vor deutlich höher ist. Inwieweit diese beiden Faktoren die diskutierten Zahlen beeinflussen, kann in diesem Zusammenhang nicht nachgewiesen werden.

McLean und Tumilty (1993) konnten in einer Studie signifikante Unterschiede zwischen der Schusskraft und der Schussgenauigkeit beider Beine feststellen, welche auf tatsächlich bessere Schussfertigkeiten des Schussbeins hinweisen. Darüber hinaus konnten Unterschiede in der technischen Ausführung beobachtet werden. Die seitliche Distanz zwischen dem Standbein und dem Ballmittelpunkt war mit 38,6 cm beim Rechtsschuss signifikant geringer als bei dem Linksschuss mit 46,2 cm. Beim Rechtsschuss stand das linke Standbein mit 8,1 cm weiter hinter dem Ball als mit dem rechten Standbein beim Linksschuss (3,9 cm), was jedoch nicht als statistisch signifikant eingestuft wurde. Die Fußposition des Standbeins könnte auf einen direkten Einfluss der unterschiedlichen Schusstechniken auf die Schussqualität hinweisen. McLean und Tumilty (1993) vermuten, dass Fußballer bei ihrem vermeintlich schwächeren Schussbein eine höhere Distanz zwischen Bein und Ball aufbauen, um einen größeren Schwungbogen ausnutzen zu können. Ein größerer Bogen, gleichbedeutend mit einem längeren Weg des schussausführenden Beins, ermöglicht mehr Zeit um das Bein maximal zu beschleunigen und dadurch mögliche Schusskraft-Defizite ansatzweise auszugleichen.

Unter der Ballkontrolle versteht man die An- und Mitnahme des rollenden, springenden und fliegenden Balls, welche ebenfalls ein Kernelement des Fußballspiels darstellt. Der Ball kann dabei mithilfe der Füße oder anderen Körperteilen in der Luft oder am Boden angenommen und verwertet werden. Auch bei der Ballkontrolle kommen unterschiedliche Bereiche des Fußes zum Einsatz und erfordern ein Höchstmaß an technischer Versiertheit. Der Ball muss so unter Kontrolle gebracht werden, dass der Gegner nicht in Ballbesitz kommt und gleichzeitig der eigene Spielfluss nicht unterbrochen wird. In Abhängigkeit des nahenden Balls bleibt häufig nur wenig Zeit sich optimal zu positionieren, daher muss im Raum-Gegner-Kontext schnell entschieden werden mit welchem Körperteil und in welche Richtung der Ball an- bzw. mitgenommen wird. Die Ballannahme ist häufig mit einer Körpertäuschung verbunden um sich direkt der engen Deckung eines Gegenspielers zu entziehen (Bisanz & Gerisch, 2013). Die Fähigkeit einer beidfüßigen Ballannahme erscheint in diesem Zusammenhang fundamental wichtig zu sein, um die Spielsituation optimal zu lösen. Gerade Spieler auf zentralen Mittelfeldpositionen müssen dabei fähig sein, den Ball in alle Richtungen mitzunehmen, um das Spiel eventuell zu verlagern oder auf nahende Gegenspieler zu reagieren. Bloomfield et al. (2007) stellten fest, dass Mittelfeldspieler mit 33,7 Ballannahmen pro Spiel deutlich mehr Ballannahmen aufwiesen als die Verteidiger (16,7) und Stürmer (21,1).

Abschließend lässt sich festhalten, dass bei allen technischen Fertigkeiten im Fußball eine beidseitig mögliche Ausführung sinnvoll erscheint. In Abhängigkeit von Spielpositionen und taktischen Vorgaben scheint die Gewichtung der einzelnen Fertigkeiten unterschiedlich hoch zu sein. Bryson et al. (2013) sehen eine Beidfüßigkeit bei Stürmern in erster Linie beim Torschuss als elementar und bei Verteidigern und Mittelfeldspieler bei Tacklings und dem genauen Passspiel. Bei Außenverteidigern hingegen vermuten sie keine Vorteile einer Beidfüßigkeit. Grundsätzlich gilt jedoch, dass das Lösen mancher Spielsituationen mit dem spielschwachen Bein, abhängig von der Position des Balles, des Gegners, des Mitspielers und der eigenen Position auf dem Spielfeld, nur folgerichtig ist. Eine allgemeine Beidfüßigkeit bringt dementsprechend einerseits den Vorteil auf plötzlich auftretende Spielsituationen optimal reagieren zu können, und auf der anderen Seite wird ein Fußballspieler nur durch die Beidfüßigkeit für den Gegner unberechenbar (Bausenwein, 2006). Darüber hinaus ermöglicht sie dem Trainer, beidfüßige Spieler auf unterschiedlichen Positionen einzusetzen (Bryson et al., 2013).

3.2 Motorisches Gleichgewicht und Lateralität

Unter dem motorischen Gleichgewicht kann die Fähigkeit verstanden werden, einen Körper „gegen die Schwerkraft über seine Unterstützungsfläche im Gleichgewicht zu halten oder diesen Zustand wiederherzustellen" (Diemer & Sutor, 2007, S. 89). Das menschliche Vermögen, eine aufrechte Körperposition unter Einfluss der Schwerkraft und der Umwelt beizubehalten, wird als „posturale Kontrolle" bezeichnet (Horst & Hesse, 2005). Die Fähigkeit eines Individuums in unterschiedlichen Situationen das Gleichgewicht bestmöglich zu erhalten oder wiederherzustellen hängt von verschiedenen Faktoren ab. Der menschliche Körper verfügt über verschiedene Systeme und Strategien, die dazu beitragen den gewünschten Lagezustand zu erreichen. Die Sensorik dient der Informationsaufnahme, mit dessen Hilfe vestibuläre, optische und propriozeptive Reize aufgenommen und weitergeleitet werden (Diemer & Sutor, 2007). Beim Ausfall einiger Sinnesinformationen, wie z.B. der visuellen Informationen, ist der Mensch in der Lage diese annähernd zu kompensieren. Laube (2009) spricht in diesem Zusammenhang von der sensorischen Dreifachsicherung. Auf der anderen Seite steht die Motorik, mit der die nötigen Körperbewegungen erzeugt werden, um den Zustand des Gleichgewichts zu sichern. Grundlegend lässt sich das motorische Gleichgewicht in das statische (haltende) und das dynamische (wiederherstellende) Gleichgewicht unterscheiden (Edlinger, 2013). Diese Unterscheidung scheint aus biologisch-physiologischer Sicht jedoch nicht eindeutig zutreffend, da auch bei dem statischen

Gleichgewicht ein dynamischer Regulierungsprozess einsetzt und ein permanenter Wechsel zwischen Stabilität und Mobilität vorherrscht (Ziganek-Soehlke, 2008).
Das Gleichgewicht im Fußball hat in erster Linie einen dynamischen Charakter. Um das Gleichgewicht bzw. die Bewegungsbalance im Fußball zu gewährleisten, benötigt es ein hohes Maß an Koordination. Nach Bisanz und Gerisch (2013), in Anlehnung an die Systematik von Schnabel, Harre und Krug (2011), ermöglicht besonders die Gleichgewichtsfähigkeit bei komplexen schnellen Bewegungen die Bewegungskontrolle und sorgt damit für die Balance des Sportlers. In diesem Zusammenhang geht es um die Wiederherstellung oder die Aufrechterhaltung des Gleichgewichts in oder nach unterschiedlichen Spielsituationen. Darüber hinaus müssen die Bewegungsabfolgen rhythmisiert werden. Das Gleichgewicht muss nicht nur während einer Spielszene bestehen, sondern im Kontext des Bewegungsflusses auf mögliche Rhythmuswechsel reagieren (Bisanz & Gerisch, 2013). Untersuchungen von Bressel, Yonker, Kras & Heath (2007) weisen auf eine hohe Relevanz des dynamischen Gleichgewichts im Fußball hin. Messungen mit dem „Star Excursion Balance Test" zeigten signifikant bessere Ergebnisse bei Fußballern gegenüber Basketballern. Edlinger (2013) vermutet als Hintergrund dieser Ergebnisse sportartenspezifische Handlungen wie dynamische Einbeinstände während des Passes oder beim Schießen des Balles. Dem Standbein kommt hierbei eine besondere Aufmerksamkeit zu, da es in Situationen, in denen das Spielbein den Kontakt zum Boden verliert, allein für das Gleichgewicht des Sportlers zuständig ist.
Die Überprüfung des Gleichgewichts gewinnt immer mehr an Bedeutung. Neben dem Bereich Sport kommen zahlreiche Gleichgewichtstests auch in anderen Bereichen wie der Orthopädie und der Neurologie zum Einsatz (Bös, 2001). Es existieren verschiedene apparative Tests zur Bestimmung des Gleichgewichts, welche Daten von Bodenreaktionskräften oder Veränderungen des Körperschwerpunk-

tes oder des Druckmittelpunktes erfassen. Andere Untersuchungsmethoden wie z.B. das „Balance Error Scoring System" stützen sich auf Fehler- und Zeitmessungen, bei denen die Probanden bestimmte gleichgewichtsfordernde Positionen einnehmen bzw. Aufgaben durchführen müssen (Edlinger, 2013). Um eine aussagekräftige Testung durchzuführen ist es wichtig, die Einflussfaktoren der Gleichgewichtsleistung zu berücksichtigen und so anzupassen, dass Antworten auf die jeweiligen Forschungsfragen möglich sind. Im Kontext dieser Arbeit muss beispielsweise eine Untersuchungsmethode gewählt werden, die Aufschluss über eventuelle Lateralitäten liefert. Der Einbeinstand (single leg stance) bietet die Möglichkeit, beide Beine miteinander zu vergleichen. Er zählt zu den statischen Gleichgewichtstests, hat jedoch eine große Relevanz für dynamische Bewegungen wie das Gehen oder Laufen und bei fußballspezifischen Bewegungsaufgaben bei denen das Spielbein keinen Bodenkontakt mehr hat. Bei diesen Bewegungsformen muss das Körpergewicht in der Standbeinphase über das eine Bein gebracht werden, während das andere Bein z.B. nach vorne schwingt.

3.3 Kraftfähigkeiten und Lateralität

Bei jeder sportlichen Betätigung werden Krafteigenschaften in unterschiedlichster Form benötigt. Im Fußballspiel benötigen die Spieler „Kraft im Zusammenhang mit koordinativen Prozessen bei Starts, Sprints, Sprüngen, Dribblings, Schuss- und Kopfballaktionen, bei Tacklings, beim Rempeln und weiteren Zweikampfaktionen" (Bisanz & Gerisch, 2013, S. 125). Besonders der Schnellkraft kommt für den Fußballer eine hohe Bedeutung zu, da viele Bewegungen wie Sprünge, Schüsse und Sprints einen schnellkräftigen Charakter haben. Sprüngen und Schüssen sollten aufgrund der einseitigen Ausführung im Kontext Kraft und Lateralitäten eine erhöhte Aufmerksamkeit geschenkt werden. Weineck (2004) geht auf verschiedene Möglichkeiten ein, die Kraftfähigkeiten in diesem Zusammenhang zu prüfen. Er nennt den Dreierhopp als durchführbare Testform, um die einseitigen Sprungkraftfähigkeiten der Spieler zu überprüfen und daraus Schlüsse über die vorhanden Schnellkraftfähigkeiten zu ziehen.

Für die Schusskraftmessung können verschiedene Testverfahren genutzt werden. Die einfachsten Mittel stellen eine subjektive Bewertung oder die Weitenmessung von Schüssen dar, bei der allerdings der Schusswinkel großen Einfluss auf die Schussweite hat. Genauere Ergebnisse liefern indirekte Schusskraftmessmethoden, bei denen apparative Geschwindigkeitsmessungen, Aufpralldruckmessungen und Muskelkraftmessungen herangezogen werden. Bei Geschwindigkeitsmessungen können durch die Feststellung der Ballgeschwindigkeit Rückschlüsse auf die tatsächliche Schusskraft gezogen werden (Weineck, 2004). Untersuchungen von Grützner und Weineck (1988) machen deutlich, dass Fußballer sich durch eine große relative (bezogen auf das eigene Körpergewicht) Maximal- und Schnellkraft auszeichnen. Nationalspieler weisen dabei ein höheres Kraftpotenzial auf als ihre Vereinskollegen.

Im Zuge der Spezialisierung beider Beine im Fußball kommt es auch zu einer seitendifferenten Adaption des Bewegungsapparates und dadurch zu muskulären Veränderungen. Bei einer Schussbewegung kommt es zu einem völlig unterschiedlichen motorischen Anforderungsprofil zwischen beiden Beinen. Das Spielbein operiert in einer offenen kinetischen Kette, bei der der Fuß bzw. der Unterschenkel mit sehr hoher Geschwindigkeit nach vorne bewegt wird (*Punctum mobile*) während die Hüfte relativ fixiert bleibt (*Punctum fixum*) (Eder & Hoffmann, 2010). Die Schussbewegung stellt eine mehrgelenkige Bewegung dar, bei der es zu einer explosiven Kniestreckung, einer Hüftbeugung, und abhängig von der Schusstechnik, zu einer Fußstreckung (*Plantarflexion*) im oberen Sprunggelenk kommt (Knebel, Herbeck & Hamsen, 1988). Gleichzeitig erfolgt im Standbein eine

Belastung in der geschlossenen kinetischen Kette, bei der der Fuß am Boden fixiert ist (*Punctum fixum*). Die Becken-Bein-Achse und der Rumpf müssen die auf den Sportler wirkenden Kräfte koordinativ auffangen (*Punctum mobile*) und stabilisieren. Diese und andere fußballspezifische Bewegungsabläufe sorgen dafür, dass sich der aktive Bewegungsapparat „langfristig an die von ihm durchzuführenden Bewegungscharakteristiken mit den entsprechenden Belastungen anpasst und eine hierzu optimierte muskuläre Antwort entwickelt" (Eder & Hoffmann, 2010, S. 318). Frühere Studien zeigen Asymmetrien bezüglich der Muskelkraft, der Muskelaktivierung und der Muskeldicke zwischen beiden Beinen (Kearns, Isokawa, & Abe, 2001; Rahnama, Lees, & Bambaecichi, 2005; Ross, Guskiewicz, Prentice, Schneider, & Yu, 2004).

Knebel et al. (1988) weisen drauf hin, dass der *M. quadriceps* des Spielbeins im Verlauf einer Extensionsbewegung ein erhöhtes Maximalkraftvermögen und einen erhöhten Kraftstoß zeigt. Neben der kniestreckenden Muskulatur konnte auch bei den Hüftbeugern, in erster Linie dem *M. iliopsoas*, ein erhöhtes Kraftvermögen im Spielbein festgestellt werden. Auf der Standbeinseite kommt es zu einer erhöhten Maximalkraft bei erhöhtem Kraftstoß der Kniebeuger (Flexoren). Zusammenfassend kann also davon gesprochen werden, dass das Spielbein tendenziell eine kräftigere kniestreckende *(M. quadriceps)* und hüftbeugende *(M. iliopsoas)* Muskulatur, und das Standbein eine kräftigere ischiokrurale Muskulatur aufweist (Eder & Hoffmann, 2010). Im Zuge der Untersuchung der Schusskraft von McLean und Tumilty (1993) wurden verschiedene Drehmomente der Knieextension und -flexion der Probanden gemessen und ergaben bei der Extensionsbewegung des rechten Beines signifikant höhere Werte als mit dem linken Bein. Bei der Knieflexion waren die Drehmomente des rechten Beines nur geringfügig höher (Abb. 7).

Es gilt jedoch zu beachten, dass einer der zwölf untersuchten Probanden als Linksfuß eingestuft wurde und die Daten so leicht verfälscht sind.

	Right limb	Left limb
Extension 60° s^{-1} (N m)	239(28)	218(29)*
Flexion 60° s^{-1} (N m)	120(22)	111(18)
Extension 180° s^{-1} (N m)	153(24)	137(20)*
Flexion 180° s^{-1} (N m)	87(17)	84(13)
Extension 240° s^{-1} (N m)	129(19)	117(18)*
Flexion 240° s^{-1} (N m)	73(14)	74(9)

Abb. 7. Isokinetic knee flexion and extension strength (McLean & Tumilty, 1993, S. 261)

McLean und Tumilty (1993) konnten negative Korrelationen zwischen der Schussgeschwindigkeit und der Zeit zwischen dem Aufsetzen des Standbeins und dem Kontakt mit dem Ball feststellen. Dies lässt vermuten, dass ein erhöhtes Drehmoment bei der Knieextension direkt mit der Schusskraft positiv korreliert, was durch die Ergebnisse anderer Studien bestätigt wird (Mognoni, Narici, Sirtori & Lorenzelli, 1994; Cabri, De Proft, Dufour & Clarys, 1988).

Es treten jedoch Unterschiede der Ausprägungen dieser Tendenzen in Abhängigkeit der Spielposition auf. Torhüter weisen die größte Streckerdominanz auf, begründet durch ihren tiefen Schwerpunkt bei der Grundstellung, bei der nahezu eine 90°-Beugung im Kniegelenk erreicht wird. In dieser Position ist „eine Koaktivierung der Beuger zur Kniegelenksstabilisation sowie ein Beitrag der ischiokruralen Muskulatur zur Kniestreckbewegung aus biomechanischen Gründen ausgeschlossen" (Eder & Hoffmann, 2010, S. 318). Auf anderen Positionen, in denen der Spieler schnellstmöglich reagieren und beschleunigen muss (z.B. Stürmer), liegt ein Beuger-Strecker-Verhältnis vor, welches auf eine ausgeprägte Koaktivierung der Beuger hindeutet (Eder & Hoffmann, 2010).

Untersuchungen der kniestreckenden Muskulatur bei Fußballern konnten neben einer erhöhten Maximalkraft des *M. quadriceps* des Spielbeins eine Verringerung des Umfangs des *M. vastus medialis* feststellen. Dies könnte möglicherweise die Folge langjähriger stereotypischer Anforderungen sein, mit dem Resultat einer lokalen Insuffizienz des *M. vastus medialis*. Durch diese Adaption des Bewegungsapparats konnten veränderte Wirkungs- und Zugrichtungen bei der kniestreckenden Muskulatur und infolgedessen statistisch häufigere degenerative Veränderungen des Femur-Patellar-Gelenks des Spielbeins festgestellt werden. Diese Lateralisation des Quadricepszugs stellt so auf der einen Seite eine Optimierung der spielbeinspezifischen Bewegungen wie dem Torschuss dar, auf der anderen Seite verändert sie die femurpatellare Gelenkkinematik, was zu einer Beschleunigung von degenerativen Veränderungen im Knie führen kann (Eder & Hoffmann, 2010).

Im Gegensatz zu dem Spielbein erfährt das Standbein andere Belastungen, welche jedoch ebenfalls einen stereotypischen Charakter aufweisen. Unabhängig vom Leistungsniveau halten Fußballer die Position ihres Standbein beim Schießen nach Möglichkeit sehr genau ein. Dabei wird das Standbein neben dem Ball positioniert und der Körperschwerpunkt nach außen verlagert. Umso mehr sich Standbein und Ball annähern, desto deutlicher wird der Körperschwerpunkt nach außen (*lateral*) verlagert. Die Becken-Bein-Achse des Standbeins hat in dieser Position die Aufgabe, den Fußballer zu stabilisieren und die Bewegungen des Spielbeins zu kompensieren. Die daraus resultierenden langfristigen Adaptionen des Bewegungsapparats, im speziellen der Becken-Bein-Achse, zeigen sich nicht nur während des Fußballspiels, sondern auch im Gangbild und bei Laufbelastungen. Die Anpassungen führen auf der Spielbeinseite zu einer Kippung des Beckens nach hinten (*ilium posterius*) und infolgedessen, um eine stabile Lage des Körperschwerpunktes zu gewährleisten, auf der Standbeinseite zu einer Kippung nach vorne (*ilium anterius*) oder zu einer Steilstellung des Beckens. Häufig geht diese Veränderung mit einer reduzierten Beweglichkeit des Kreuz-Darmbein-Gelenks auf der Schussbeinseite einher (Eder & Hoffmann, 2010). Die einseitige eingeschränkte Beweglichkeit in Kombination mit einer Hüftverwringung „lässt nun die Standbeinachse länger erscheinen und führt zu einem funktionellen Beckenschiefstand" (Eder & Hoffmann, 2010, S. 327). Diese Anpassungen des Bewegungsapparats sind ein klares Indiz für eine sportliche Spezialisierung mit dem Ziel des optimalen einseitigen Bewegungsablaufs. Trotz gesundheitlicher Bedenken, die solche Adaptionen mit sich bringen, könnte es aus sportlich erfolgsorientierter Sicht demnach durchaus Sinn machen, seine Bewegungen einseitig zu perfektionieren. Die Frage bleibt offen, ob ein beidseitiges Training und eine komplett bilaterale Spielumsetzung zu einer ähnlichen Perfektion führen könnten oder das mögliche Potenzial so nie abrufbar wird, da die seitentypischen Anpassungen des Bewegungsapparats geringer ausfallen würden.

3.4 Training und Lateralität

Kernfrage der Trainingsgestaltung ist die Frage nach der bestmöglichen Verbesserung und Effektivierung der sportartspezifischen Fertigkeiten im Hinblick auf die optimale Wettkampfleistung. Besonders interessant in diesem Kontext ist das Training unter dem Aspekt von Lateralitäten und die damit zusammenhängenden Auswirkungen auf die jeweilige Sportart. In Sportarten, in denen die Athleten auf wechselnde situative Bedingungen reagieren müssen (z.B. Fußball), scheint ein bilaterales Training sinnvoll zu sein, um die Bewegungshandlungen bestmöglich zu lösen. Bei Disziplinen, die im Wettkampf eine einseitige Ausführung erfordern (z.B. Speerwurf und Weitsprung), scheint ein bilaterales Training nicht zwingend nötig zu sein.

Der Fokus des Trainings im Fußball sollte immer nach der Zielsetzung des kurzfristig, mittelfristig und/ oder langfristig größtmöglichen Erfolgs im Wettkampf ausgelegt werden. Je nach Altersstufe und vereinsspezifischer Situation können die Zeiträume des theoretisch maximal erreichbaren Erfolges variieren. In Bezug auf die Lateralität stellt sich demzufolge die Frage, ob beide Beine im Training aufgabenspezifisch spezialisiert werden oder gleichmäßig trainiert werden sollten, um diese maximale Leistungsfähigkeit im Wettkampf über kurz oder lang zu erreichen.

Bei Sportspielen gelingt es allerdings bisher nur unzureichend „den Zusammenhang zwischen individuellem Spielerfolg und Trainingsgestaltung hinreichend sicher abzuschätzen" (Ferger, 1998, S. 5) und den tatsächlichen Stellenwert von beidbeinigem Training richtig einzuordnen. Hohmann (1986) geht davon aus, dass das Training individuell variieren muss, da sich die Anpassungsleistungen der Athleten auf Trainingsreize unterscheiden und die mögliche Höchstleistung der Sportler nicht durch pauschalisiertes Training erreicht werden kann. Die Analyse der Sportart soll die Voraussetzung einer erfolgreichen individuellen Steuerung des Trainings schaffen und für eine Einschätzung der benötigten Anforderungsgrößen sorgen (Grosser, Brüggemann & Zintl, 1986). Im Fußball ist darüber hinaus eine Positionsanalyse sinnvoll, da das Anforderungsprofil der verschiedenen Positionen voneinander abweicht und eine mögliche Bilateralität positionsspezifische Schwerpunkte aufweist. Dabei muss die Relevanz lateraler Füßigkeitsphänomene ermittelt werden und im Trainingskontext berücksichtigt werden. Demzufolge scheint z.B. ein bilateraler Torabschluss auf der Stürmerposition wichtiger zu sein als auf der Position des Verteidigers, der wiederum ein Tackling bilateral ausführen können sollte.

Das Phänomen der Lateralität ist in erster Linie ein Forschungszweig innerhalb der Motorikforschung, gewinnt jedoch in Verbindung mit den Trainings- und Bewegungswissenschaften immer mehr an

Bedeutung. Im besonderen Fokus steht das Training der „körperschwachen Seite" mit dem Ziel der „Effektivierung motorischer Lernprozesse" (Thienes, 2000, S. 57). Der zentrale Untersuchungsgegenstand für die Lateralitätsforschung in den Bewegungswissenschaften sind die Erfolgsorgane (Thienes, 2000). „Die Lateralitätsforschung geht von der Vorstellung aus, dass das zentrale Korrelat einer einseitig ausgeführten (peripheren) Bewegung aufgrund des Informationsaustausches über das *Corpus callosum* auch auf die gegenüberliegende Körperseite übertragen werden kann" (Fischer, 1988, S. 117). Fetz (1972) bezeichnete das Phänomen des bilateralen oder kontralateralen Transfers und die daraus resultierende funktionelle Verbesserung einer Körperseite durch das Training der anderen als „motorische Mitübung". Die tatsächlichen direkten Auswirkung des bilateralen Transfers in Form von motorischen Lernprozessen sind bei komplexen sportmotorischen Handlungen, bei denen mehrere Organpaare beteiligt sind, schwer zu erfassen und vielschichtig. Grundsätzlich muss unterschieden werden, ob es sich um ein komplett einseitiges Training, ein wechselseitiges Training oder ein gleichzeitiges Training beider Körperseiten handelt. (Fischer, 1988). Darüber hinaus muss geklärt werden, welche motorische Hauptbeanspruchungsform bei den anfallenden Belastungen vorliegt. Kuhn (1986) untersuchte den Effekt des kontralateralen Transfers (er hielt den Begriff für passender als bilateraler Transfer) im Hinblick auf die konditionelle Fähigkeit Kraft und die koordinativen Fähigkeiten und konnte in beiden Bereichen Effekte feststellen. Drenkow (1960) konnte bei Untersuchungen zum Keulenwurf und Fischer (1979) bei Untersuchungen zum Darting kontralaterale Transfereffekte feststellen. Bei den Kraftfähigkeiten konnten sowohl im Bereich der Maximalkraft, als auch bei der Kraftausdauer Übertragungen der arbeitenden an die nichtarbeitende symmetrische Muskulatur beobachtet werden. Es scheint dabei keine Rolle zu spielen, ob die Übertragung des Trainingseffekts von der dominanten auf die nichtdominante Seite oder umgekehrt erfolgt. Ein einseitiges Muskeltraining führt zu einer größeren Muskelkraft auf der anderen Körperseite, ein gleichzeitiges Krafttraining beider Seiten kann die Kraftausdauer der beanspruchten Muskulatur beider Seiten erhöhen (Kuhn, 1986). Im Bereich der koordinativen Fähigkeiten konnte Kuhn (1986) ebenfalls positive Transferbefunde sichern. Auch in diesem Fall ist der Transfereffekt von der dominanten auf die nichtdominante Seite oder umgekehrt gleich groß. Die Komplexität der Bewegungshandlung scheint in diesem Zusammenhang keine Rolle zu spielen, allerdings die Qualität der Ausführung. Die Transferleistung steigt mit der Qualität der ausgeführten Bewegungsaufgabe und begünstigt dabei eine sequentielle Übungsreihenfolge (z.B. RRR...LLL) gegenüber einer alternierenden Reihenfolge (z.B. RLRLRL) wobei R für eine rechtsseitige Ausführung und L für eine linksseitige Ausführung steht (Kuhn, 1986). Besonders die Anstiege der Kraftleistung sind nach Thienes (2000) im Hinblick auf den kontralateralen Transfer bei einem einseitigen Training empirisch belegt. Die Ausnahme bildet das isometrische Krafttraining, bei dem laut Hettinger (1993) keine bzw. kaum Transfereffekte festgestellt werden konnten. Bei den wenigen Untersuchungen, in denen auch nach einem isometrischen Training positive Transfereffekte auf der nicht trainierten Seite festgestellt werden konnten, wird dieser Effekt durch die reflektorische Mitinnervation auf dieser Seite erklärt (Hettinger, 1993). Die unterschiedlichen kontralateralen Transfereffekte zwischen dynamischen und isometrischen Muskelkontraktionen könnten ein Indiz dafür sein, dass bei der dynamischen Bewegung zentralnervale Prozesse positiv wirksam sein könnten. Henatsch und Langer (1983, S. 48) verweisen in diesem Zusammenhang darauf, dass die räumlich-zeitliche Koordination einer Bewegung im Kleinhirn und den Basalganglien gesteuert und programmiert wird, „während die endgültige Innervation in der jeweils zur Extremität kontralateralen Hirnhälfte erfolgt". Dadurch könnte es

zu einer optimierten Vorprogrammierung kommen, welche zu einer ebenfalls verbesserten Koordination auf der nicht trainierten Seite führen könnte (Henatsch & Langer, 1983). Bei den anderen konditionellen Fähigkeiten Schnelligkeit, Beweglichkeit und Ausdauer ist die Befundlage hingegen noch sehr lückenhaft (Thienes, 2000).
Abschließend stellt sich die Frage, ob aus trainingswissenschaftlicher Sicht ein bilaterales Training im Fußball überhaupt notwendig ist, oder der kontralaterale Effekt ausreichen könnte, um das Standbein fußballspezifisch ausreichend zu schulen?
Auf der anderen Seite kommt es auch bei einem bilateralen Training neben der teilweise direkten Verbesserung der technisch-koordinativen Fertigkeiten und konditionellen Fähigkeiten des Standbeins auch zu einem erhöhten Trainingseffekt auf der Spielbeinseite. Demzufolge könnte ein beidseitiges Training nicht nur die Leistungsdifferenz beider Seiten reduzieren, vorausgesetzt dass ein direktes Training ein höheren Trainingseffekt erzielt als der kontralaterale Effekt, sondern zeitgleich für einen Leistungszuwachs beider Seiten sorgen. Es bleibt jedoch zu klären, ob die positiven Effekte auf die Leistungsfähigkeit der jeweils nicht trainierten Seite durch den kontralateralen Transfer die Qualität eines direkten Trainings erreichen und diese im gleichen Lerntempo umsetzen können. Untersuchungen, die dieses Phänomen im Zusammenhang mit Fußball analysierten, sind in der Literatur nicht zu finden.
In einer Studie von Fischer (1988) wurden die Lernprozesse von 31 rechtshändigen Studenten in zwei Gruppen beim Speerwerfen verglichen. Die erste Gruppe trainierte ausschließlich mit ihrem rechten dominanten Arm und die zweite Gruppe wechselseitig zu je 50 %. Der Trainingsumfang war bei beiden Gruppen mit 20 Lerneinheiten identisch. Beide Gruppen konnten ihre Würfe mit dem rechten dominanten Arm hochsignifikant verbessern, wobei die zweite Gruppe ihre Leistungen minimal stärker verbesserte als die erste Gruppe. Die zweite Gruppe erreichte auch bei ihren Würfen mit dem linken

Arm hochsignifikante Verbesserungen, während die erste Gruppe keine signifikanten Veränderungen erreichte. Die Aussagekraft der Studie bleibt jedoch trotz statistischer Sicherung eingeschränkt, da sowohl die Probandenzahl relativ gering war als auch das Speerwerfniveau der Studenten zu diesen Ergebnissen beigetragen haben könnte. Gerade bei Anfängern auf niedrigem Leistungsniveau führen bereits Trainingsmaßnahmen mit geringer Belastungsquantität zu großen Leistungsfortschritten. Thienes (2008) spricht hierbei von dem Quantitätsgesetz sportlichen Trainings.

Inwiefern diese Ergebnisse auf die Effekte im Fußball übertragbar sind, bleibt ungeklärt. In einer vorgeschalteten Pilotstudie zu dieser Arbeit wurden sechs Fußballspieler der 2. C-Jugend von Hertha 03 Zehlendorf in einer Längsschnittstudie bezüglich ihrer Dominanz der unteren Extremitäten untersucht. Die Studie setzte sich aus den leistungsdiagnostischen Untersuchungen (Pre- und Posttest) und den Trainingsinterventionen zur Schulung der motorischen Fertigkeiten des spielschwachen Beines (Standbein) zusammen. Während der Interventionszeit haben sich die Bewegungsfertigkeiten mit beiden Beinen überwiegend verbessert. Außerdem konnte die Leistungsheterogenität bei vier von sechs Bewegungsfertigkeiten zwischen den beiden Beinen verringert werden. Diese Untersuchung kann jedoch nicht als statistisch gesichert angesehen werden, könnte jedoch auf einen positiven bilateralen Transfer im Fußball hinweisen.

Neben denkbaren technischen und konditionellen Steigerungen dürfen jedoch spieltaktische und strategische Elemente nicht außer Acht gelassen werden. Eine intensivierte Ausbildung ballspezifischer Fertigkeiten des Standbeins im Training geht mit Einschränkungen anderer Trainingselemente wie Taktik einher, die nicht von einem kontralateralen Transfer profitieren, und wird vermutlich den Trainingsablauf auf taktisch-strategischer Ebene beeinflussen. Eine Umsetzung von wettkampfnahen Spielreihen mit dem Standbein könnte einerseits die technischen Fertigkeiten möglichst wettkampfnah schulen, würde jedoch aufgrund der weniger ausgeprägten technischen Fertigkeiten des Standbeins den Spielrhythmus empfindlich stören und die Umsetzung strategisch-taktischer Aufgabenstellungen einschränken. Die Erziehung zu beidfüßig ausgebildeten Spielern sollte aus diesem Grund schon im Jugendalter stattfinden, da zu diesem Zeitpunkt die technische Ausbildung gegenüber der taktischen überwiegt (Greulich & Neveling, 2015; Niedermeier & Schuppke, 2014; Claßen & Schnepper, 2011; Schreiner, 2009; Starosta, 1988;). Auch die Lernfähigkeit ist in diesem Alter höher und erleichtert die beidfüßige Aneignung technischer Fertigkeiten (Greulich & Neveling, 2015; Bryson et al., 2013). Der deutsche Fußballweltmeister Andreas Brehme wurde von seinem Vater seit frühem Kindesalter beidfüßig trainiert und entwickelte eine interessante Form der Beidfüßigkeit. Er selber beschrieb seine Flexibilität bei den Schussfertigkeiten wie folgt: „Mit links schieße ich härter, mit rechts präziser" (Greulich & Neveling, 2015). Doch das beidfüßige Training im Jugendalter birgt auch Risiken, so kann es durch Überforderung und Enttäuschung beim Training zu Motivationseinbußen kommen und im schlimmsten Fall zum Abbruch der Fußballlaufbahn (Cizek, 1998).

4. Fragestellung (Studie)

Nachdem das Thema Lateralität allgemein und vor allem in Bezug auf den Fußball im vorausgegangen Teil beleuchtet wurde, soll nun in einer Studie untersucht werden, inwieweit diese Phänomene in der Praxis sichtbar werden.

In der folgenden Studie werden anhand einiger Tests die Auswirkungen von Lateralitäten der unteren Extremitäten bei Fußballern untersucht. Ziel der Studie ist es, Unterschiede in der Ausführung und Qualität bestimmter Bewegungsaufgaben zu erkennen und entsprechend zu deuten. Alle Tests werden dabei einmal mit dem rechten und einmal mit dem linken Fuß (Bein) durchgeführt, in manchen Fällen noch ein weiteres Mal in freier Ausführung. Anhand der besprochenen Aspekte bezüglich der Lateralitäten im Sport bzw. im Fußball ist anzunehmen, dass sich die Qualität bzw. die „Effektivität" der Aufgaben abhängig des verwendeten Beines bzw. Fußes unterscheidet. Der Begriff „Effektivität" bezieht sich in dieser Arbeit auf die Bewertung der durchgeführten Tests. Er beschreibt lediglich die Ergebnisse der Faktoren Zeit, Fehlerhäufigkeiten, Trefferquoten, Schussgeschwindigkeiten und erzielte Sprungweiten, und ist nicht als Wertung der Spielfähigkeit im Gesamten zu betrachten.

Es ist erstens zu erwarten, dass das Spielbein dem Standbein bei ballbezogenen Tests überlegen ist und abhängig vom Testverfahren qualitativ bessere oder zeitlich schnellere Ergebnisse liefern wird. Aufgrund der Annahme, dass sich eine ballspezifische Beidfüßigkeit positiv auf die Spielfähigkeit im Fußball auswirkt und einen Mehrwert für die Mannschaften bedeutet, lässt zweitens die Vermutung zu, dass bei steigender Ligazugehörigkeit tendenziell eine beidfüßige Spielweise zunimmt. Trotz der Mutmaßung, dass eine erhöhte Beidfüßigkeit positiv mit der Ligazugehörigkeit korreliert scheint eine klare Aufgabenspezialisierung bei Fußballern wahrscheinlicher. Aus diesem Grund ist anzunehmen, dass die Probanden mit dem Standbein drittens bessere Ergebnisse bei der Untersuchung des motorischen Gleichgewichts und viertens bei der Untersuchung der Sprungkraft erzielen, da dies während der ballintensiven Spielaktionen die Stabilität des Sportlers gewährleistet und darüber hinaus zeitweilig das komplette Gewicht tragen muss.

Sollten diese Vermutungen zutreffen, müsste der Begriff „dominantes Bein" im Kontext Fußball hinterfragt werden. Es müsste vielmehr von einer angepassten Aufgabenspezialisierung in Form eines Spiel- und eines Standbeins gesprochen werden. Demnach würde das

Spielbein die fußballspezifischen Bewegungshandlungen mit Ball wie Schießen, Passen, Flanken, Dribbling etc. umsetzen und das Standbein mit Hilfe koordinativer Teilbewegungen und erhöhtem Kraftaufwand diese Bewegungen ausgleichen und für die Aufrechterhaltung des Gleichgewichts sorgen. Das Standbein hat folglich möglicherweise ein höheres Kraftpotenzial und kann den kompletten Bewegungsapparat koordinativ besser im Gleichgewicht halten und kann unter diesen Teilaspekten ebenfalls als dominant bezeichnet werden.

Dementsprechend werden folgende Haupthypothesen formuliert: Hypothese 1. Spielaktionen mit dem Ball sind mit dem Spielbein „effektiver" als mit dem Standbein. 2. Leistungsstärkere Fußballmannschaften weisen eine geringere Spiel-Standbein-Differenz hinsichtlich ihrer „Effektivität" auf. 3. Auf dem Standbein stehen die Probanden stabiler als auf dem Spielbein. 4. Das Standbein ist sprungkräftiger als das Spielbein.

5. Methoden

Im Methodenteil wird der Rahmen und Aufbau der Studie genau erläutert. Dabei wird explizit darauf geachtet, dass die Untersuchungsmethoden die spezifische Wirkungsweise des Phänomens Lateralität in der Sportart Fußball zweckmäßig aufgreifen. Im Folgenden wird ein Überblick über die Stichprobe, über die verwendeten Messinstrumente, das Forschungsdesign und die verwendeten Auswertungsverfahren gegeben.

5.1 Stichprobe

Es haben 27 Probanden aus drei Fußballmannschaften eines Vereins des Berliner Fußballverbandes an der Untersuchung teilgenommen. Zu der Stichprobe gehörten neun Landesligaspieler (LL), zehn Kreisliga A-Spieler (KL) und acht Spieler einer Freizeitmannschaft (FZ), welche in der Freizeit-Bezirksliga spielt. Einschlusskriterium für die auszuwertende Stichprobe war die Teilnahme an allen durchgeführten Messungen und mindestens der Hälfte der saisonvorbereitenden Trainingseinheiten. Schwerwiegende Verletzungen des Bewegungsapparats oder des Kopfes mussten mindestens zwölf Monate zurückliegen, um an der Studie teilnehmen zu können. Alter, Größe, Gewicht, Fußballerfahrung und Füßigkeit wurden mit Hilfe eines Fragebogens ermittelt. Alle Probanden waren zum Zeitpunkt der Studie aktive Spieler des Berliner Fußball-Verbandes. Die 27 untersuchten Fußballer sind durchschnittlich 180,5 ± 7 cm groß und 76,6 ± 10,8 kg schwer und weisen eine Fußballerfahrung von 14 ± 6,9 Jahren auf. Das Alter der Probanden beträgt durchschnittlich 24,4 ± 4,7 Jahre. Die Ermittlung der Füßigkeit, also des bevorzugten Fußes (Spielbein), ergab bei 21 Spielern (78 %) eine rechtsseitige und bei sechs Spielern (22 %) eine linksseitige Dominanz. Die ermittelten Dominanzen stimmten zu 100 % mit der Selbsteinschätzung der Probanden überein.

5.2 Messinstrumente

In der Studie wurden Untersuchungen der Schusskraft, der Schussgenauigkeit, des Dribblings, der Sprungkraft, des Gleichgewichts und der fußballspezifischen Jonglierfähigkeit in Bezug auf laterale Unterschiede durchgeführt. Die Füßigkeit wurde anhand eines Fragebogens bestimmt, in dem einerseits der gefühlte dominante Fuß erfragt wurde und andererseits anhand von vier Bewegungsfragen ermittelt wurde. Die Fragen legten den Fokus tendenziell eher auf die Geschicklichkeit und nicht auf den Kraftanteil, um dem hohen Maß an Präzisionsbewegungen im Fußball zu entsprechen (Fischer, 1988), und sind an den Fragebogen zur Erfassung des individuellen Lateralitätsprofils von Ehrenstein und Arnold-Schulz-Gahmen (1997) angelehnt. Die Fragen lauteten: Mit welchem Fuß würdest du ... 1. einen Kieselstein aufgreifen? 2. zuerst auf einen Stuhl steigen? 3. eine Zigarette austreten? 4. einen Ball aufs Tor schießen?

Ein Großteil der durchgeführten Messungen wurde an den Köln-Bochumer Fußballtest angelehnt, der ebenfalls Teil des DFB-Talentförderprogramms ist (Desch & Lottermann, 2003). Es wurden diejenigen Untersuchungen übernommen, die eine vermeintliche Aussage über laterale Unterschiede der unteren Extremitäten von Fußballern im Spiel mit dem Ball verdeutlichen und dementsprechend so angepasst, dass beide Beine bzw. Füße verglichen werden konnten. Dementsprechend wurden die Testreihen Schusskraft, Schussgenauigkeit, Dribbling und Jonglieren aus dem Köln-Bochumer Fußballtest modifiziert und in dieser Studie eingesetzt. Neben den spielnahen Untersuchungen des Torschusses und des Dribblings stellt das Jonglieren eine besondere Form der Ballkontrolle dar. Bei dieser Bewegungshandlung wird der Ball mit den Füßen oder anderen Körperteilen durch wohldosierte vertikale Impulse zum Springen gebracht, ohne dass er den Boden berührt. Dieses „Hochhalten" des Balles benötigt ein hohes Maß an technischer Ballkontrolle und posturaler Kontrolle. Die Schwierigkeit dieser Übung ist das hohe technische Anforderungsprofil, gepaart mit der gleichzeitigen ständigen Nachregelung der Körperhaltung (Tlili, Mottet, Dupuy & Pavis, 2004).

Ergänzt wurde die Testbatterie durch einen Gleichgewichtstest und einen Sprungkrafttest. Allen Messungen ging ein teamspezifisches Aufwärmprogramm voraus und vor jeder Messung wurde ein Testlauf durchgeführt. Bei Messungen mit Ball wurde derselbe Ball für alle Durchgänge eines Probanden eingesetzt.

5.2.1 Test 1: Dribbling

Der erste Test war ein Dribbelparcours, der mit Ball schnellstmöglich durchlaufen werden musste. Dabei sollten sechs Slalomstangen in einem 13 x 4 m großen Feld umdribbelt werden. Start- und Ziellinie waren jeweils zwei Meter breit und befanden sich an zwei sich diagonal gegenüberliegenden Ecken (Abb. 8).

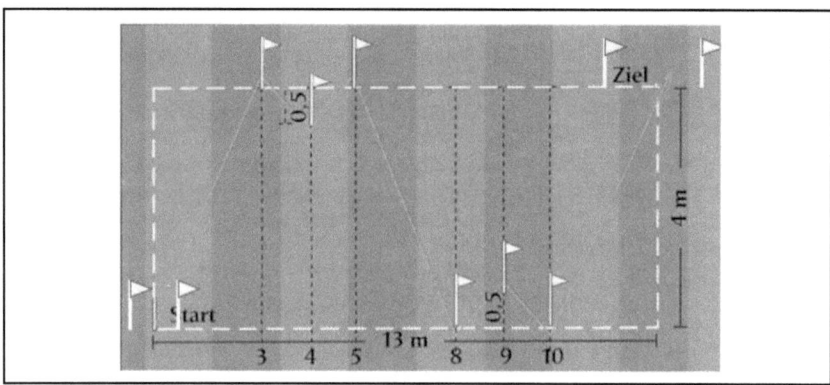

Abb. 8. Test 1: Dribbling (Desch & Lottermann, 2003, S. 4)

Die Zeitmessung erfolgte durch das „Witty Lichtschrankensystem" von „Microgate", welches sowohl am Start als auch am Zieleinlauf aufgestellt wurde. Gemessen wurde das Durchqueren der Probanden durch die Lichtschranken und nicht das des Balls. Die Probanden hatten die Aufgabe, mit dem Ball schnellstmöglich mit dem vorgegebenen Fuß über die Startlinie, um alle Slalomstangen und über die Ziellinie zu dribbeln. Der Ball durfte vor Beginn nicht weiter als einen Meter von der Startlinie entfernt liegen. Die Messung startete ohne Signal nach eigenem Ermessen. Der Aufbau des Parcours bevorzugte keine Körperhälfte der Probanden. Jeder Proband absolviert den Parcours einmal mit dem Spielbein, einmal mit dem Standbein und einmal im freien Dribbling. Der Versuch wurde nur gewertet, wenn alle Slalomstangen fehlerfrei umdribbelt wurden. Eine Ballberührung mit dem jeweils nicht genannten Bein führte unverzüglich zu einem Testabbruch und zu einer Wiederholung des Testes. Bei diesem Test wurde die Zeit in Sekunden gemessen. Wurden mehr als 20 Sekunden für den Parcours benötigt, ging der Versuch mit 20 Sekunden in die Wertung ein. Diese Zeitgrenze wurde festgelegt, um statistischen Ausreißern als Folge von verlorener Motivation nach einem oder mehreren Fehlern vorzubeugen.

5.2.2 Test 2: Balljonglieren

Im zweiten Test mussten die Probanden eine Strecke von zehn Metern mit dem Fußball jonglieren. Die Start- und die Ziellinie waren vier Meter breit und wurden mit Hütchen abgesteckt (Abb. 9).

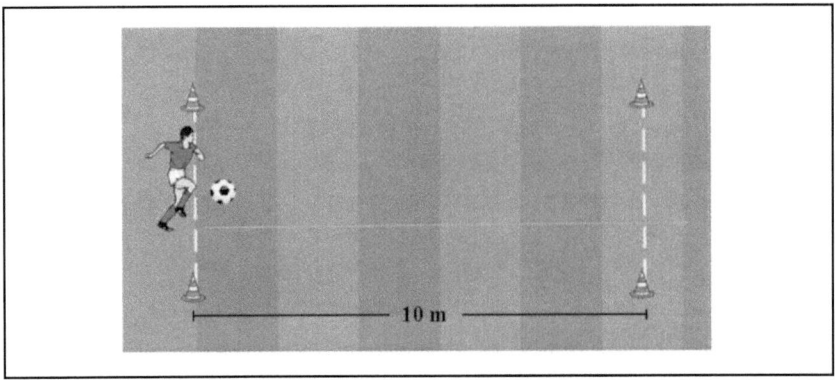

Abb. 9. Test 2: Balljonglieren (Desch & Lottermann, 2003, S. 7)

Die Aufgabe der Probanden war es, die zehn Meter möglichst schnell und ohne Fehler zu durchlaufen und dabei den Ball mindestens fünfmal mit dem vorher genannten Fuß zu jonglieren. Jeder Proband absolvierte den Parcours einmal mit dem Spielbein, einmal mit dem Standbein und einen Durchlauf, in dem beide Füße frei eingesetzt werden durften. Als Fehler wurden das Verlieren des Balls und die Ballberührung mit einem anderen Körperteil als dem genannten Fuß gewertet. Beim Verlieren oder Verspringen des Balls mussten die Probanden den Ball schnellstmöglich mit den Füßen oder den Händen einsammeln und ihren Testlauf an der Stelle des Ballverlustes fortsetzen. Das seitliche Verlassen des abgesteckten Korridors wurde nicht mit einem Fehler gewertet, es musste lediglich die Start- und Ziellinie zwischen den Hütchen überquert werden. Die Zeit lief bei Fehlern weiter und die Fehler wurden addiert. Die Zeit wurde per Hand gemessen und startete beim Überqueren der Startlinie, sofern eine Ballberührung vor dieser stattfand, und endete bei der letzten Ballberührung hinter der Ziellinie. Die Probanden starteten nach eigenem Ermessen und konnten sich den Ball auf den Fuß werfen oder mit dem Fuß selbst hochnehmen. Bei diesem Test wurde die Zeit in Sekunden und die Fehlerzahl gemessen. Auch hier lag die Zeitgrenze bei 20 Sekunden und die Fehlergrenze bei fünf Fehlern. Die Höchstgrenze der Fehler wurde an die Mindestkontaktzahl beim Jonglieren angepasst.

5.2.3 Test 3: Torschuss

Im dritten Test wurden die Schusskraft und die Schussgenauigkeit gemessen. Die Probanden hatten die Aufgabe, den Ball mit dem vorgegebenen Fuß möglichst hart in die vorgegebene Ecke des Tores zu schießen. Das Tor wurde mit Hilfe von Absperrband und Gewichten in drei gleichgroße Abschnitte à 2,44 m aufgeteilt. Der Ball musste dabei auf der Strafraumgrenze liegend einmal in ein

4,88 m breites und 2,44 m langes Feld vorgelegt werden und dann aus der Bewegung aufs Tor befördert werden (Abb. 10).

Abb. 10. Test 3: Torschuss (Desch & Lottermann, 2003, S. 6)

Jeder Proband absolvierte sowohl mit dem Spiel- als auch mit dem Standbein einen Torschussversuch auf jeweils beide Ecken des Tores. Die Begrenzungen Pfosten, Latte und Absperrband zählten in den jeweiligen Torabschnitten zu dem Zielfeld dazu. Es wurden die Trefferzahl und die Schussgeschwindigkeit gemessen. Die Messung der Schussgeschwindigkeit erfolgte durch das objektive Radarmesssystem „Personal Sports Radar" von „Supido", welches die Schussgeschwindigkeit in km/h misst, und durch eine subjektive Beurteilung des Testleiters. Das „Personal Sports Radar" wurde zu diesem Zweck mittig hinter der zu treffenden Torecke positioniert. Dabei misst es mit Hilfe eines Radiowellensignals in einer bestimmten Taktfrequenz die Geschwindigkeit von sich bewegenden Objekten. Das ausgesendete Signal wird von einem sich nähernden Objekt reflektiert und führt dadurch zu Frequenzveränderungen (Doppler-Effekt) (Apel, 2010). Diese Frequenzänderung kann messtechnisch nachgewiesen und von dem Radarsystem umgerechnet und als Geschwindigkeit des Objekts ausgegeben werden. Die subjektive

Einschätzung wurde unterteilt in geringe Schusshärte (Ball rollt Richtung Tor), mittlere Schusshärte (gekrümmte Flugkurve) und große Schusshärte (gerade Flugkurve). Bei einem Messausfall des Radarmesssystems wurde die Trefferanzahl aufgenommen und der Versuch nur im Hinblick auf die Schusshärte wiederholt. Wenn sich der Ball bei der Schussausführung nicht im markierten Feld befand, musste der Versuch komplett wiederholt werden.

5.2.4 Test 4: Dreierhopp

Im vierten Test wurde die Sprungkraft mit Hilfe des einbeinigen Dreierhopps gemessen. Die Probanden hatten die Aufgabe, aus der Schrittstellung an der Absprunglinie mit einem Bein maximal weit zu springen (Abb. 11).

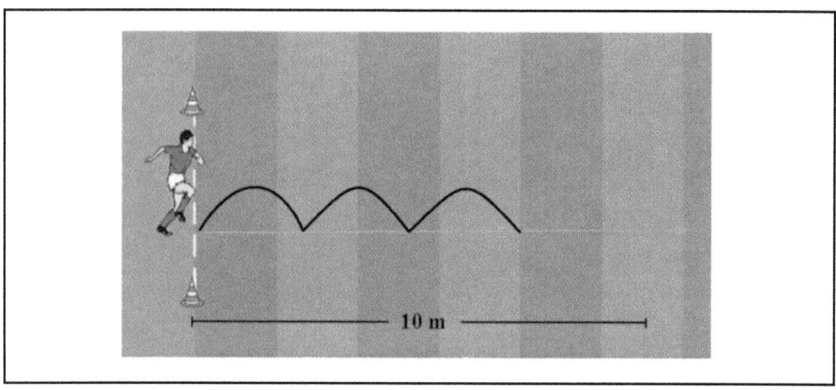

Abb. 11. Test 4: Dreierhopp

Der Absprungfuß musste plan auf dem Boden stehen und durfte vor dem Absprung nicht bewegt werden. Das andere Bein durfte beliebig positioniert und bewegt werden, die Arme konnten hierbei unterstützend mitschwingen. Die letzte Landung durfte beidbeinig erfolgen, wobei der hinterste Kontaktpunkt für die Bestimmung der

Sprungweite herangezogen wurde. Dazu wurde ein Maßband parallel zu dem Sprungfeld ausgelegt. Es wurde jeweils ein Versuch mit dem Spiel- und dem Standbein durchgeführt. Bei diesem Test wurde die Sprungweite in Metern gemessen.

5.2.5 Test 5: Gleichgewicht

Im fünften Test wurde das Gleichgewicht der Probanden mit Hilfe des „Balance Error Scoring System" (BESS) gemessen. Dabei wurde nur der „single leg stance" (SLS) auf stabiler und auf instabiler Unterlage durchgeführt. Für die instabile Unterlage wurde ein Balance-Pad aus Schaumstoff verwendet (Abb. 12).

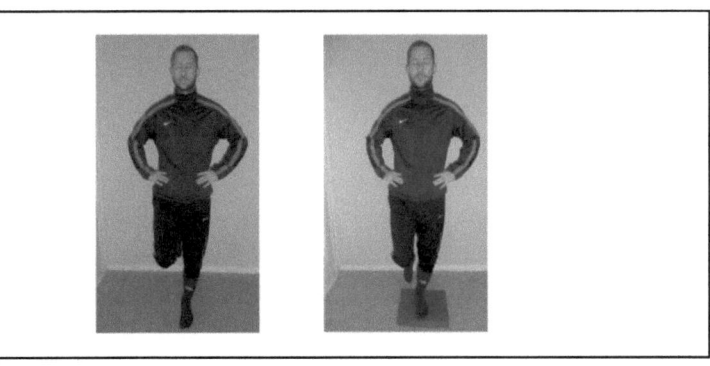

Abb. 12. Test 5: „single leg stance"

Im Gegensatz zum „BESS" wurde der SLS sowohl auf dem nichtdominaten (Standbein) als auch auf dem dominanten (Spielbein) Bein durchgeführt. Die Probanden hatten die Aufgabe, auf dem vorgegeben Bein 20 Sekunden zu stehen und dabei den Unterschenkel des anderen Beins mit einem Kniewinkel von etwa 90° Grad anzuheben. Die Hände mussten über den gesamten Zeitraum in der Hüfte stützen und die Augen mussten geschlossen sein. Die

Position wurde auf Socken bzw. Fußballstutzen eingenommen und durfte nicht verlassen werden. Während der 20 Sekunden wurden die Fehler des jeweiligen Durchgangs gezählt. Fehler waren das Öffnen der Augen, das Verlassen der Hände aus dem Hüftstütz, das Fallen, Taumeln oder einen Schritt machen, eine Hüftbeuge von mindestens 30° Grad und das nicht wieder Einnehmen der Ausgangsposition nach einem Fehler innerhalb von zwei Sekunden. Wurde während einer Sekunde der gleiche Fehler zweimal gemacht, wurde dies als Folgefehler gewertet und für die Endfehlerzahl nicht berücksichtigt.

5.3 Forschungsdesign

Die Untersuchung wurde als Querschnittsstudie in Form eines Feldexperiments durchgeführt, bei dem die „Effektivität" der Probanden im Hinblick auf die fußballspezifischen Aktionen Dribbeln, Jonglieren und Schießen analysiert wurde. Zusätzlich wurden ein Gleichgewichtstest und ein Sprungtest sowohl mit dem Spiel- als auch mit dem Standbein durchgeführt, um dadurch Rückschlüsse auf das Gleichgewicht und die Kraft beider Beine ziehen zu können. Die Studie hat das Ziel, den Ist-Zustand verschiedenklassiger Fußballmannschaften aufzuzeigen. Dabei wird nicht von einem Idealzustand ausgegangen, sondern das Ziel verfolgt, repräsentative Werte hinsichtlich der Lateralität der unteren Extremitäten bei Fußballern unterschiedlicher Ligazugehörigkeit zu sammeln und zu deuten.

Die Untersuchungen fanden in der ersten Hälfte der Saison-Hinrunde 14/15 statt und wurden über mehrere Termine je Mannschaft verteilt. Die Testbatterie wurde in zwei Blöcke aufgeteilt, um einerseits den Arbeitsaufwand von Auf- und Abbau zu reduzieren und andererseits den Trainingsbetrieb der Mannschaften nicht übermäßig zu stören. Der erste Block bestand aus dem Test 1 (Dribbling) und Test 3 (Torschuss) und der zweite Block aus dem

Test 2 (Jonglieren), Test 4 (Dreierhopp) und Test 5 (Gleichgewicht). Die Reihenfolge der Tests war immer gleich, die Reihenfolge der Füße bzw. Seiten und die Reihenfolge der Spieler war randomisiert. Bevor der jeweilige Testblock absolviert wurde fand ein teamspezifisches Aufwärmprogramm statt. Die Testreihen wurden mit der Landesligamannschaft auf einem Naturrasenplatz durchgeführt und mit der Kreisliga- und Freizeitligamannschaft auf einem Kunstrasenplatz.

5.4 Auswertungsverfahren

Die Auswertung der erhobenen Daten erfolgte mit Hilfe der Statistik- und Analyse-Software „SPSS Statistics 19".
Für die Parameter „Dribbling" und „Jonglieren" wurden Unterschiede in den Leistungsligen mittels einer Varianzanalyse mit den Faktoren „Bein" (Spielbein, Standbein, frei) und „Liga" (Landesliga, Kreisliga, Freizeitliga) untersucht. Für die Parameter „Schussgenauigkeit", „Schusskraft" und „Dreierhopp" wurden Unterschiede in den Leistungsligen mittels einer Varianzanalyse mit den Faktoren „Bein" (Spielbein, Standbein) und „Liga" (Landesliga, Kreisliga, Freizeitliga) untersucht. Unterschiede in der Gleichgewichtsleistung der Teilnehmer in Abhängigkeit von Spielklasse und Untergrund wurden mittels einer dreifaktoriellen Varianzanalyse mit den Faktoren „Bein" (Spielbein, Standbein), „Liga" (Landesliga, Kreisliga, Freizeitliga) und „Untergrund" (stabil, instabil) untersucht. Die festgelegten Signifikanzniveaus lagen bei $p < 0{,}05$ = signifikant, $p < 0{,}01$ = sehr signifikant und $p < 0{,}001$ = hoch signifikant. Der Zusammenhang zwischen der subjektiven (d.h. Beurteilung des Testleiters) und objektiven (d.h. Radarmessung) Schusskraft wurde mittels linearer Korrelationsanalyse nach Pearson untersucht. Die verwendeten Diagramme wurden mit „Microsoft Excel" erstellt.

6. Ergebnisse

Im Ergebnisteil werden die gesammelten Daten ausgewertet und die relevanten Ergebnisse zusammengefasst. Zuerst soll noch einmal ein Überblick über die Probandenstruktur gegeben werden. In der Tabelle 1 sind die anthropometrischen Daten der Probanden und ihre jeweilige Ligazugehörigkeit aufgeführt.

Tab. 1. *Anthropometrische Daten*

	Landesliga	Kreisliga	Freizeitliga	Mittelwert
Probanden	9	10	8	
Rechtsfüßer	6 (67 %)	9 (90 %)	6 (75 %)	7 (78 %)
Linksfüßer	3 (33 %)	1 (10 %)	2 (25 %)	2 (22 %)
Größe (cm)	179,1 ± 6,1	179,4 ± 7,0	184,7 ± 7,0	180,5 ± 7,0
Gewicht (kg)	74,0 ± 23,6	75,5 ± 10,8	81,4 ± 11,8	76,6 ± 10,8
Alter (Jahre)	23,7 ± 3,7	22,8 ± 4,1	27,0 ± 5,2	24,4 ± 4,7
Fußballerfahrung (Jahre)	16,4 ± 4,8	11,9 ± 5,3	14,6 ± 9,5	14,0 ± 6,9

Im Mittelpunkt der Datenanalyse stehen die Faktoren Füßigkeit (Beinigkeit) und Ligazugehörigkeit, anhand derer die Ergebnisunterschiede herausgestellt werden. Die Tabelle 2 gibt einen Überblick darüber, bei welchen der durchgeführten Tests Unterschiede auftraten und welche Faktoren in welchem Ausmaß betroffen sind. Geprüft wurde, ob die Probanden unterschiedliche Ergebnisse hinsichtlich des verwendeten Beins aufweisen, ob die Ligazugehörigkeit Einfluss auf die Ergebnisse hat und ob die Ligazugehörigkeit in Abhängigkeit des verwendeten Beins Auswirkungen auf die Ergebnisse nimmt. Das verwendete Bein führt beim Dribbling und beim Jonglieren zu „hoch" signifikanten Unterschieden und bei der Schusskraft zu „sehr" signifikanten Unterschieden. Die Ligazugehörigkeit der Probanden hat beim Dribbling einen „sehr" und beim Jonglieren einen „hoch" signifikanten Einfluss auf die Ergebnisse.

Tab. 2. Unterschiede der „Effektivität" in Abhängigkeit von dem verwendeten Bein und der Ligazugehörigkeit

	Bein p-Wert (F)	Liga p-Wert (F)	Bein x Liga p-Wert (F)
Dribbling	< 0.001 (0.56)	0.007 (0.34)	0.15 (0.13)
Jonglieren (Zeit)	< 0.001 (9.98)	< 0.001 (10.81)	0.91 (0.24)
Schussgenauigkeit	0.33 (0.97)	0.06 (3.14)	0.12 (2.32)
Schusskraft	0.002 (11.50)	0.33 (1.15)	0.76 (0.27)
Dreierhopp	0.96 (0.002)	0.75 (0.29)	0.17 (1.88)
Gleichgewicht	0.99 (> 0.001)	0.5 (0.73)	0.64 (0.45)

Die Tabelle 3 gibt einen zusammenfassenden Überblick über die erbrachten Leistungen der Probanden aus den verschiedenen Ligen in den unterschiedlichen Tests. Dabei wurden die Lateralitäten (Spielbein & Standbein) nicht berücksichtigt und jeweils der Mittelwert (MW) aller Versuche gebildet und miteinander verglichen.

Tab. 3. Leistungen in Abhängigkeit der Spielklasse

	Landesliga (MW)	Kreisliga (MW)	Freizeitliga (MW)
Dribbling (Sekunden)	11,25 ± 1,14	12,5 ± 2,15	13,18 ± 2,59
Jonglieren (Sekunden)	5,55 ± 2,56	10,53 ± 4,69	12,19 ± 4,91
Schussgenauigkeit (Treffer)	0,53 ± 0,51	0,58 ± 0,5	0,31 ± 0,47
Schusskraft (km/h)	65,36 ± 14,29	61,95 ± 14,43	59,97 ± 9,11
Dreierhopp (Meter)	6,22 ± 0,69	6,01 ± 0,9	5,91 ± 0,92
Gleichgewicht (Fehler)	4,44 ± 2,72	3,75 ± 2,35	4,09 ± 2,58

Bei den durchgeführten Untersuchungen Dribbling, Jonglieren (Zeit), Schusskraft und Dreierhopp erzielten die Spieler der Landesliga die besten Ergebnisse, gefolgt von den Spielern der Kreisliga und den Spielern der Freizeitliga. Nur bei den Untersuchungen der Schussgenauigkeit und des Gleichgewichts erreichten die Kreisligaspieler die besten Werte, bei der Schussgenauigkeit gefolgt von den LL → FZ und bei dem Gleichgewicht von den FZ → LL.

Beim Dribbling waren die LL „sehr" signifikant schneller als die FZ (p = 0.006). Zwischen den LL und den KL, und der KL und den FZ konnten keine signifikanten Zeitunterschiede bestimmt werden. Beim Jonglieren waren die LL „sehr" signifikant schneller als die KL (p = 0.002) und „hoch" signifikant schneller als die FZ (p < 0.001). Zwischen den KL und den FZ konnte kein signifikanter Unterschied bei der Jongliergeschwindigkeit festgestellt werden. Bei der Schussgenauigkeit konnte lediglich ein signifikanter Unterschied zwischen den Trefferzahlen der KL und der FZ erfasst werden (p = 0.03). Bei der Überprüfung der Schusskraft, des Dreierhopps und des Gleichgewichts konnten keine signifikanten Unterschiede festgestellt werden.

Im Folgenden werden die Hypothesen einzeln überprüft und die relevanten Ergebnisse vorgestellt.

6.1 Spielaktionen mit dem Ball sind mit dem Spielbein „effektiver" als mit dem Standbein

Die Hypothese, dass das Spielbein bei Spielaktionen mit Ball „effektiver" als das Standbein ist, wurde anhand der Tests Dribbling, Jonglieren, Schusskraft und Schussgenauigkeit überprüft. Bei Betrachtung der Spielaktionen Dribbling und Jonglieren erzielten die Probanden bessere Leistungen mit dem Spielbein als mit dem Standbein. Die gemessenen Zeiten beim Dribbling waren mit dem Spielbein und bei der freien Ausführung „hoch" signifikant schneller als mit dem Standbein (p < 0.001). Zwischen den Zeiten des freien Dribblings und dem Dribbling mit dem Spielbein konnten keine signifikanten Unterschiede festgestellt werden (p = 0.65). Mit dem Spielbein brauchten die Testpersonen beim Dribbling durchschnittlich 11,39 ± 1,2 Sekunden, mit dem Standbein 14 ± 2,65 Sekunden und im freien Dribbling 11,47 ± 1,12 Sekunden.

Beim Jonglieren waren die gemessenen Zeiten mit dem Spielbein „hoch" signifikant (p < 0.001) und die bei der freien Ausführung „sehr" signifikant (p = 0.008) schneller als mit dem Standbein. Zwischen der freien Ausführung und der Ausführung mit dem Spielbein konnten keine signifikanten Unterschiede festgestellt werden (p = 0.1). Die Probanden waren mit dem Spielbein (7,68 ± 4,54 Sekunden) durchschnittlich 1,28 Sekunden schneller als bei dem freien Durchgang (8,96 ± 4,97 Sekunden). Bei den Durchgängen mit dem Standbein wurde mit 11,44 ± 4,86 Sekunden am meisten Zeit benötigt, um die Strecke erfolgreich zu bewältigen (Abb. 13).

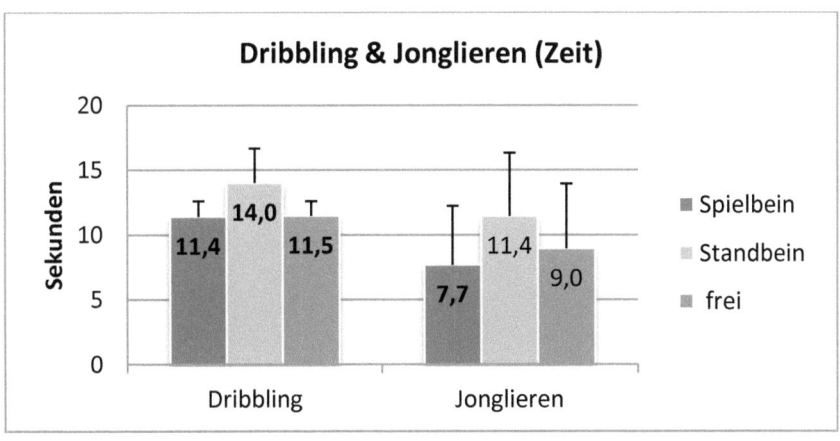

Abb. 13. Zeitmessungen beim Dribbling und beim Jonglieren in Abhängigkeit der Beinigkeit

Bei der Schusskraft konnte bei den Schüssen mit dem Spielbein (67 ± 9,71 km/h) eine „sehr" signifikant (p = 0.002) höhere durchschnittliche Schussgeschwindigkeit gemessen werden als mit dem Standbein (58 ± 10,26 km/h).

Bei der Schussgenauigkeit konnten keine signifikanten Unterschiede (p = 0.33) zwischen dem Spiel- und dem Standbein festgestellt werden. Die Trefferwahrscheinlichkeit mit dem Spielbein lag bei 44,44 ± 34,9 % und bei dem Standbein bei 51,85 ± 35,3 % (Abb. 14).

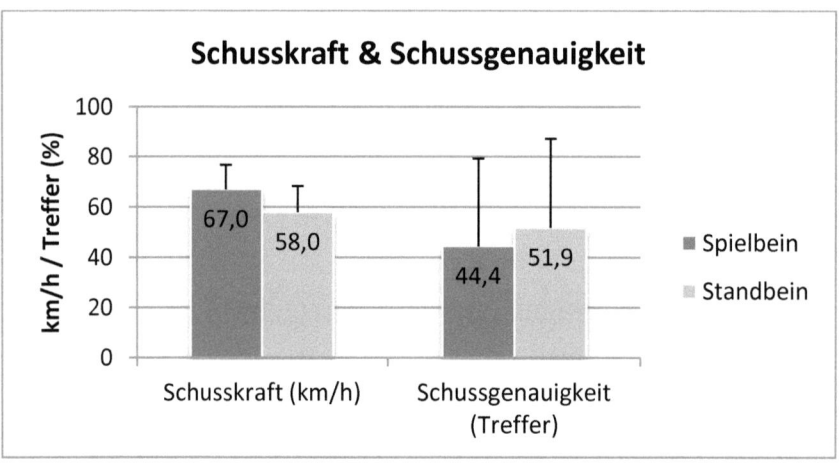

Abb. 14. Vergleich der Schusskraft und Schussgenauigkeit in Abhängigkeit der Beinigkeit

Zwischen der objektiven (Radarsystem) und der subjektiven Methode zur Bestimmung der Schusskraft konnte eine „sehr" signifikante Korrelation (r = 0.71; p = 0.001) festgestellt werden (Abb. 15).

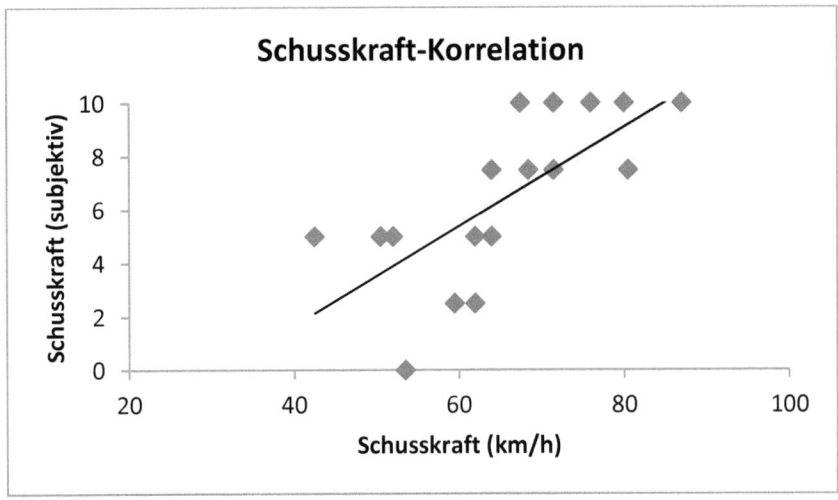

Abb. 15. Korrelation der objektiven und der subjektiven Schusskraftbewertung

6.2 Leistungsstärkere Fußballmannschaften weisen eine geringere Spiel-Standbein-Differenz hinsichtlich ihrer „Effektivität" auf

Im zweiten Teil werden die Ergebnisse der drei untersuchten Mannschaften noch einmal isoliert betrachtet und hinsichtlich ihrer Spiel-Standbein-Differenzen bei den fußballspezifischen Tests Dribbling, Jonglieren, Schusskraft und Schussgenauigkeit miteinander verglichen. Dabei werden die Werte des Spielbeins und des Standbeins aller drei Mannschaften gegenübergestellt und die Differenz zwischen den Beinen prozentual berechnet. Ein niedriger Wert entspricht dementsprechend einem geringeren Unterschied hinsichtlich der „Effektivität" zwischen beiden Beinen. Statistisch konnten bei keinem der Tests signifikante Unterschiede zwischen den Spiel-Standbein-Differenzen der unterschiedlichen Ligen festgestellt werden.

Bei Betrachtung der Ergebnisse und dem Vergleich der unterschiedlichen Leistungsklassen lassen sich keine Gesetzmäßigkeiten der Spiel-Standbein-Differenz erkennen. Lediglich beim Dribbling kann die Hypothese bestätigt werden, dass die Differenz der Dribbelgeschwindigkeit zwischen Spiel- und Standbein von Landesliga → Freizeitliga zunimmt (LL: 15 %, KL: 22 %, FZ: 34 %). Demnach sind die Spieler der Landesliga am ehesten in der Lage, ihre potentielle Dribbelgeschwindigkeit mit ihrem Standbein zu erreichen, während die Spieler der Freizeitliga mit ihrem Standbein deutliche Geschwindigkeitsdefizite aufweisen. Bei den Werten Jonglieren auf Zeit, Schussgenauigkeit und Schusskraft können diese Effekte nicht bestätigt werden, sondern weisen stattdessen eine gegenläufige Tendenz auf. Beim Jonglieren auf Zeit liegt bei den LL die größte Differenz zwischen Spiel- und Standbein vor (82 %), gefolgt von den KL (49 %). Die geringsten Unterschiede sind bei den FZ vorzufinden, bei denen die Differenz bei 29 % liegt und damit am ehesten auf eine gleichwertige Umsetzung mit dem Standbein schließen lässt. Bei den Fehlern beim Jonglieren kann eine ähnliche Tendenz festgestellt werden (LL: 1100 %, KL: 733 %, FZ: 300 %). Sowohl bei der Schusskraft (LL: 19 %, KL: 16 %, FZ: 15 %), als auch bei der Schussgenauigkeit (LL: 11 %, KL: 9 %), mit Ausnahme der Werte der FZ (-71 %) lagen die Werte aller Mannschaften sehr nahe beieinander. Bei der FZ waren die Spieler mit dem Standbein signifikant treffsicherer als mit dem Spielbein (Abb. 16).

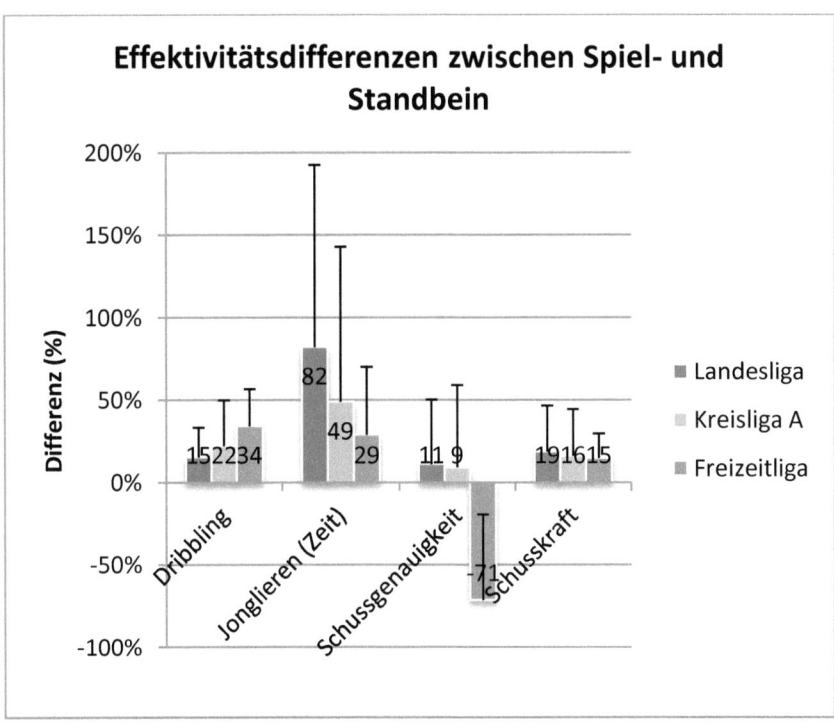

Abb. 16. „Effektivitätsdifferenzen" zwischen Spiel- und Standbein in unterschiedlichen Leistungsklassen

Die Analyse des Dominanzindexes, ausgehend von der Befragung der Füßigkeit, ergab Auffälligkeiten hinsichtlich der Dominanzstärke der Füßigkeit zwischen den unterschiedlichen Ligen. Probanden, die alle Fragen zu ihrer Füßigkeit eindeutig beantwortet hatten, machen bei der Landesliga 44,4 %, bei der Kreisliga 60 % und bei der Freizeitliga 75 % der gesamten Probandenzahl aus. Probanden, die eine Frage gegensätzlich ihrer bestimmten Füßigkeit beantworteten, machen bei der Landesliga 33,3 %, bei der Kreisliga 40 % und bei der Freizeitliga 25 % aus. Lediglich zwei Probanden haben ein ausgeglichenes Präferenzmuster, welches nur anhand einer Mehrwertung der Frage 4 zu einer Bestimmung der Füßigkeit führen konnte. Beide Probanden spielen in der Landesliga und machen 22,2 % in ihrer Mannschaft aus (Tab. 4).

Tab. 4. *Präferenzmuster der Füßigkeit*

	4 / 0 Dominanz	3 / 1 Dominanz	2 / 2 Dominanz
Landesliga	4 (44,4 %)	3 (33,3 %)	2 (22,2 %)
Kreisliga	6 (60 %)	4 (40 %)	0
Freizeitliga	6 (75 %)	2 (25 %)	0
Gesamt	16 (59,3 %)	9 (33,3 %)	2 (7,4 %)

Diese Ergebnisse deuten auf eine ausgeglichenere Dominanz innerhalb der Füßigkeit bei steigender Ligazugehörigkeit hin, sind jedoch statistisch nicht signifikant ($p = 0.22$).

6.3 Auf dem Standbein stehen die Probanden stabiler als auf dem Spielbein

Bei der Untersuchung des Gleichgewichts konnten keine signifikanten Unterschiede zwischen Spiel- und Standbein festgestellt werden (p = 0.99). Sowohl bei der stabilen als auch der instabilen Unterlage konnte die Hypothese, dass die Probanden auf ihrem Standbein weniger Fehler machen als auf ihrem Spielbein, nicht bestätigt werden. Es wird jedoch deutlich, dass die Fehlerzahl auf der instabilen Unterlage „hoch" signifikant größer ist als auf der stabilen Unterlage (p < 0.001). Den Probanden unterliefen mit dem Spielbein auf der stabilen Unterlage durchschnittlich 2,07 ± 1,54 Fehler und mit dem Standbein 2,3 ± 2,03 Fehler. Auf der instabilen Unterlage waren es mit dem Spielbein durchschnittlich 6,07 ± 1,69 Fehler und mit dem Standbein 5,88 ± 1,48 Fehler (Abb. 17).

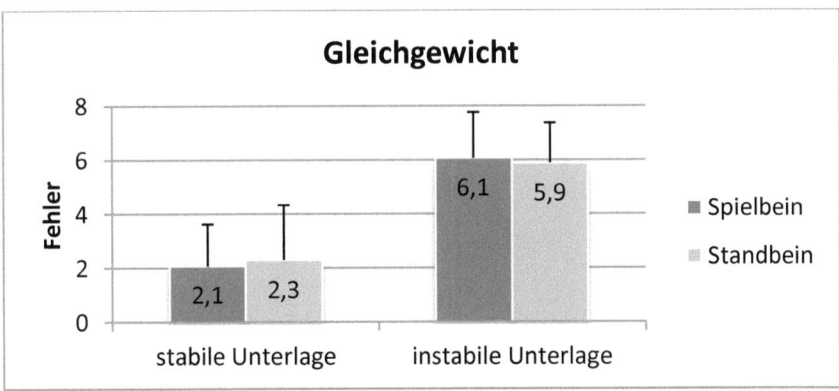

Abb. 17. Gleichgewichtsuntersuchung von Spiel- und Standbein auf unterschiedlichen Unterlagen

6.4 Das Standbein ist sprungkräftiger als das Spielbein

Die Messungen des Dreierhopps ergaben keine signifikanten Unterschiede der Sprungweiten zwischen Spielbein (6,09 ± 0,82 m) und Standbein (6,08 ± 0,86 m) (p = 0.96). Die erzielten Weiten der Probanden der Landesliga (Spielbein: 6,25 ± 0,4 m; Standbein: 6,19 ± 0,93 m) und der Kreisliga (Spielbein: 6,29 ± 0,96 m; Standbein: 6,14 ± 0,88 m) bewegten sich auf einem ähnlichen Niveau. Die Sprungweiten in der Freizeitliga fielen hingegen etwas ab (Spielbein: 5,29 ± 1 m; Standbein: 5,70 ± 0,87 m) ohne jedoch signifikante Unterschiede gegenüber den anderen Ligen aufzuweisen (Abb. 18).

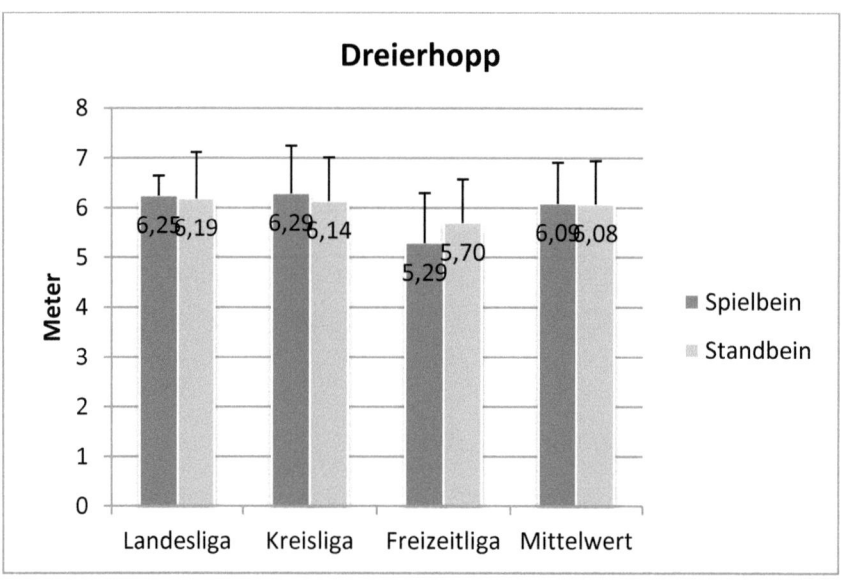

Abb. 18. Sprungkraftuntersuchung von Spiel- und Standbein mit Hilfe des Dreierhopps

7. Diskussion

Ziel der gesamten Arbeit war es, die Lateralitäten der unteren Extremitäten im Fußball zu analysieren und im Zusammenhang des Fußballspiels zu erörtern. Die durchgeführte Studie sollte unterschiedliche Bewegungshandlungen des Fußballspiels aufgreifen und klären, bei welchen fußballspezifischen Bewegungsfertigkeiten die Lateralität besonders in den Fokus rückt. Ein zusätzlicher Aspekt der Untersuchung war die Lateralitäten der unteren Extremitäten im Kontext der Ligazugehörigkeit zu prüfen, um von möglichen Auffälligkeiten auf die Wettkampftauglichkeit schließen zu können. Um die erreichten Leistungen in den unterschiedlichen Testungen einordnen zu können, müssen testspezifische motorische Profile erstellt werden.

Die motorischen Anforderungen der getesteten fußballspezifischen Bewegungsfertigkeiten reichen von den konditionellen Fähigkeiten Schnelligkeit, Kraft und Beweglichkeit bis zu den koordinativen Fähigkeiten. Die Schnelligkeit in Form von Antrittsschnelligkeit und Sprintschnelligkeit gekoppelt mit den technischen Fähigkeiten den Ball zu kontrollieren ergänzt durch ein hohes Maß an koordinativer Feinabstimmung sorgt für ein Höchstmaß an „Effektivität" beim Dribbling (Bisanz & Gerisch, 2013). Um das schnelle, fehlerlose Umspielen der Slalomstangen zu gewährleisten, wird ebenfalls ein gewisses Maß an Beweglichkeit vorausgesetzt. Eine effektivere Umsetzung der Testanforderungen bedeutet also im Umkehrschluss eine erfolgreichere Perfektionierung der benötigten motorischen Fähigkeiten des jeweiligen Beins. Die Schnelligkeit, in diesem Fall die Laufschnelligkeit, ist jedoch eine zyklische Bewegungsform, bei der beide Beine gleichermaßen beteiligt sind, und die so bei keinem der Versuche einen entscheidenden Einfluss bezüglich der Lateralität zu haben scheint. Die Beweglichkeit der Probanden hat nur einen Einfluss auf die unterschiedlichen Ergebnisse, wenn es zu einer seitenspezifischen Anforderung der Beweglichkeit bei der Übungsausführung kommt. Das Umspielen der Slalomstangen beim Dribbelparcours muss jedoch beidseitig gemeistert werden, so dass auch die Beweglichkeit, zumindest in diesem Kontext, eine untergeordnete Rolle bei der Ergebnisbildung spielt. Dies lässt also vermuten, dass vor allem die koordinativen Fähigkeiten in Form der technischen Ausführung als Gradmesser für die unterschiedlichen Leistungen beider Beine zu bewerten sind. Während der Jongliertest primär die technischen Fertigkeiten und die posturale Kontrolle der Probanden beansprucht, musste bei der Untersuchung der Schusskraft eine schnellkräftige Bewegung der unteren Extremitäten durchgeführt werden, um eine hohe Schussgeschwindigkeit zu generieren. Die Schusskraft hängt demzufolge gleichermaßen von Kraft- und Technikparametern ab (Weineck, 2004).

Folgend werden die Ergebnisse der einzelnen Hypothesen noch einmal separat betrachtet, die Messungen analysiert und anhand bestehender Literatur beurteilt.

7.1 Lateralitätsunterschiede bei ballspezifischen Spielaktionen

Die Hypothese, dass ballspezifische Spielaktionen mit dem Spielbein „effektiver" als mit dem Standbein durchgeführt werden können, wurde durch die Ergebnisse überwiegend bestätigt. Die Testungen der Dribbelgeschwindigkeit, des Balljonglierens und der Schusskraft ergaben „hoch" bzw. „sehr" signifikante Unterschiede der Leistungen zugunsten des Spielbeins (Dribbling: $p < 0.001$; Jonglieren: $p < 0.001$; Schusskraft: $p = 0.002$). Lediglich bei der Schussgenauigkeit konnte dieser Effekt nicht bestätigt werden und es lagen keine signifikanten Unterschiede zwischen beiden Beinen vor. Die Ergebnisse lassen also vermuten, dass das Spielbein tatsächlich in der Lage ist, die jeweiligen Anforderungen motorisch besser umzusetzen als das Standbein.

Betrachtet man die Ergebnisse der Spielanalysen der Fußball-WM 1998 von Carey et al. (2001), lassen diese jedoch auf eine ähnliche „Effektivität" beider Beine schließen. Carey et al. (2001) untersuchten die Erfolgsrate von verschiedenen Spielhandlungen des Spiel- und des Standbeins, sowohl bei Links-, als auch bei Rechtsfüßern. Dabei konnten sie, anhand der Spielhandlungen Ballannahme, Dribbling, Pass und Tackling, keine Unterschiede zwischen beiden Beinen feststellen. Sie verzichteten diesbezüglich, aufgrund mangelnder Datenmengen, auf die Untersuchung anderer Spielhandlungen (z.B. Torschuss). Die Untersuchungsmethoden zwischen der Spielanalyse von Carey et al. (2001) und der dieser Studie unterscheiden sich jedoch bedeutsam voneinander. Einerseits könnte man annehmen, dass die Aussagekraft einer Spielanalyse, aufgrund des direkten Wettkampfbezugs, deutlich höher ist als isolierte Testreihen, andererseits scheint diese in einem geringeren Maße valide und reliabel zu sein. Spielaktionen unterscheiden sich in ihrem Charakter, genau wie die jeweiligen Gegenspieler und deren Verhalten variieren. Standardisierte, reproduzierbare Testsituationen sind im Spielfluss dementsprechend nicht umzusetzen. Darüber hinaus wurde die Qualität der Spielaktion nur in erfolgreich und nicht erfolgreich unterteilt, was wiederum die Beurteilung der tatsächlichen Bewegungsqualität einschränkt. Ein weiterer Aspekt, der bei der Deutung der Ergebnisse von Carey et al. (2001) berücksichtigt werden muss, sind die quantitativen Unterschiede der beobachteten Bewegungshandlungen beider Beine. Die deutlich höhere Anzahl der Bewegungshandlungen mit dem Spielbein im Vergleich zu dem Standbein lässt vermuten, dass primär versucht wurde, mit dem Spielbein zu agieren. Dies könnte bedeuten, dass im Zweifelsfall bei vermeintlich ungünstigen Spielbeinsituationen dennoch das Spielbein genutzt wurde, um die Situation zu lösen, was nachfolgend zu einem größeren Fehlerpotential geführt haben könnte und die eigentliche Leistung des Spielbeins unter optimalen Bedingungen nicht widerspiegelt. Carey et al. (2001) schlussfolgerten, dass das Standbein möglicherweise nur bei Spielsituationen, die einen geringen Beanspruchungsgrad bezüglich der Geschwindigkeit und der Genauigkeit aufwiesen, eingesetzt wurde. Als ein Beispiel kann das „Ballschieben" in der eigenen Abwehrreihe genannt werden, bei dem häufig über einen längeren Zeitraum ohne Bedrängnis durch den Gegner der Ball angenommen, gedribbelt und gepasst werden kann. Ein ausgeglichenes Erfolgsverhältnis beider Beine könnte ein Indiz für eine insgesamt bestmögliche individuelle seitenspezifische Lösung der jeweiligen Spielaktionen sein. Demnach würde primär das Spielbein für die technische Umsetzung verwendet werden und erst dann, wenn die Qualität der Umsetzung mit dem Spielbein die der Umsetzung mit dem Standbein unterschreitet, wird das Standbein verwendet. Daraus kann man schließen, dass Fußballer intuitiv gut einschätzen können, welchen Fuß sie benutzen müssen, um eine Bewegungsaufgabe bestmöglich zu lösen.

Die in dieser Studie verwendeten Testreihen sind dagegen nicht wettkampfnah in das Spielgeschehen eingebettet, erlauben jedoch vermutlich, aufgrund des standardisierten Ablaufs, eine bessere tatsächliche Einschätzung der Qualität der Bewegungshandlungen von Spiel- und Standbein.

Zwischen den Ergebnissen der freien Umsetzung und der Umsetzung mit dem Spielbein beim Dribbling und beim Jonglieren konnten zwar keine signifikanten Unterschiede festgestellt werden, jedoch lässt sich beim Jonglieren erahnen, dass die freiwillige Miteinbeziehung des Standbeins in diesem Fall tendenziell eher nachteilig war. Die durchschnittlich benötigte Zeit bei der freien Umsetzung war 1,3 Sekunden länger als die des Spielbeins. Dies lässt vermuten, dass die Probanden bei der freien Ausführung ihr Standbein zwar zum Jonglieren verwendet haben, dadurch jedoch einen gewissen Zeitverlust hinnehmen mussten. Auch die Mittelwerte der Fehlerzahlen beim freien Jonglieren, mit durchschnittlich 1,15 Fehlern, und beim

Jonglieren mit dem Spielbein, mit durchschnittlich 0,41 Fehlern, lassen erahnen, dass das Miteinbeziehen des Standbeins die „Jonliereffektivität" negativ beeinflusst hat. Daraus lässt sich ableiten, dass der Ablauf des Jongliertests die Probanden dazu verleitet hat, in gewissen Situationen ihr Standbein zum Jonglieren zu nutzen, sich dies jedoch nachteilig auf die erzielten Ergebnisse auswirkte. Dieses Beispiel scheint typisch für die Problematik von Seitigkeiten im Fußball. Die Charakteristik und Unvorhersehbarkeit des Spiels verleitet bzw. zwingt Fußballer in Spielsituationen ihr Standbein zum Spielen des Balls zu nutzen. Trotz vermeintlichem Vorteil leidet jedoch der Erfolg der Aktion anscheinend häufig unter diesen Voraussetzungen. Bei dieser Testreihe schienen sich demnach die Probanden intuitiv nicht immer für das richtige Bein entschieden zu haben. Dies könnte an mangelnder Erfahrung bezüglich der Bewegungsaufgabe Jonglieren liegen. Gegenüber den technischen Fertigkeiten im Spielgeschehen, die Carey et al. (2001) untersucht haben, ist das Balljonglieren mit dem Fuß im Wettkampf eine eher unübliche Fertigkeit und lässt deshalb nur eingeschränkt auf die Spielfähigkeit schließen.

Das Dribbling stellt im Vergleich eine wettkampfnahe Spielfertigkeit dar. Beim Dribbelparcours war die durchschnittliche Zeit zwischen der freien Ausführung (11,5 Sekunden) und der Ausführung mit dem Spielbein (11,4 Sekunden) nahezu identisch. Beim freien Dribbling konnte bei einigen Probanden beobachtet werden, dass sie nahezu bei jedem Ballkontakt ihr Spielbein nutzen, andere variierten ihre Beine. Dies schien jedoch wenig Auswirkung auf die Ergebnisse zu haben, was den Schluss zulässt, dass das freie Dribbling weder Vor- noch Nachteile in Bezug auf die Geschwindigkeit gegenüber dem strikten Spielbeindribbling hat. Dies setzt voraus, dass sowohl Links- als auch Rechtskurven einbeinig genauso schnell gedribbelt werden können wie beidbeinig. Um den Ball zielgerichtet um ein Hindernis zu führen, muss der Ball von außen (hindernisfern) einen wohl dosierten Impuls bekommen. Das bedeutet im Umkehrschluss, dass die Probanden sowohl mit der Innen- als auch mit der Außenseite ihres Fußes des Spielbeins genauso schnell Dribbeln können wie die vermeintlich leichter zu kontrollierende Innenseite des Standbeins. Ein Dribbelparcours, der nicht eine beidseitige Ausführung begünstigt, könnte Aufschluss über die Dribbelqualität eines mit der Innenseite gegenüber einem mit der Außenseite geführten Dribblings geben und dadurch eine Beidfüßigkeit beim Dribbeln besser einordnen lassen. Neben der reinen Dribbelgeschwindigkeit darf jedoch nicht der Einfluss eines attackierenden Gegners unberücksichtigt bleiben. In diesem Fall scheint der Erfolg der Ballführung direkt mit der Position des Balls, des Gegners und des eigenen Körpers zusammenzuhängen und wiederum eine gegnerferne Ballführung, mit der Innenseite des äußeren Beins, zu favorisieren.

Offensive Spieler (OS: Stürmer, offensive Mittelfeldspieler und offensive Außenspieler) wiesen beim Dribbling mit dem Standbein einen Mittelwert von 13,2 Sekunden auf, während defensive Spieler (DS: Torhüter, Verteidiger, defensive Mittelfeldspieler und defensive Außenspieler) im Mittel 14,8 Sekunden brauchten. Bei der Umsetzung mit dem Spielbein lag der Mittelwert der OS bei 11,5 Sekunden und bei den DS bei 11,3 Sekunden, und bei der freien Umsetzung bei 11,7 Sekunden (OS) und 11,3 Sekunden (DS). Diese Werte könnten bedeuten, dass OS mit dem Standbein schneller dribbeln können als die DS und tatsächlich auf eine möglicherweise größere dribbelspezifische Beidfüßigkeit bei offensiven Spielern hinweisen. Diese wurde jedoch, um den Rahmen dieser Arbeit nicht zu sprengen, nicht statistisch analysiert. Dies könnte Inhalt einer weiteren Studie sein, die sich auf Lateralitäten auf unterschiedlichen Spielpositionen konzentriert.

Studien, die die Dribbelgeschwindigkeit und das Fußballjonglieren in Bezug auf die Lateralität untersuchten, konnten in der Literatur nicht gefunden werden, weshalb diese Ballfertigkeiten ohne Fremdliteratur diskutiert wurden.

Auch bei der Schusskraft konnte eine signifikant bessere Leistung des Spielbeins beobachtet werden. Die Probanden wiesen mit ihrem Spielbein eine ca. 16 % höhere Schussgeschwindigkeit auf als mit ihrem Standbein. In einer Studie von Malý, Zahálka, Malá und Teplan (2014) konnte ebenfalls ein signifikanter Unterschied ($p = 0.01$) hinsichtlich der Schussgeschwindigkeiten des Spiel- und des Standbeins festgestellt werden. Die 22 Spieler der tschechischen U16-Nationalmannschaft schossen mit ihrem Spielbein mit einer durchschnittlichen Schussgeschwindigkeit von 102.89 ± 4.45 km/h und mit ihrem Standbein mit 90.50 ± 7.71 km/h und wiesen damit eine ca. zwölfprozentige Leistungsdifferenz zwischen den Beinen auf. Untersuchungen von McLean & Tumilty (1993), bei denen die Schussgeschwindigkeit von zwölf Fußballjuniorenspielern im Alter von durchschnittlich 16,8 Jahren gemessen wurde, bestätigen diese Ergebnisse. Die Probanden erzielten mit ihrem rechten Bein eine durchschnittliche Schussgeschwindigkeit von 79 ± 6 km/h und mit ihrem linken Bein von 66 ± 8 km/h (Unterschied: ca. 16 %). In dieser Studie wurde zwischen rechtem und linkem Bein unterschieden, wobei lediglich ein Proband als Linksfüßer eingestuft wurde. Trotz bestehender Unterschiede der tatsächlich gemessenen Schussgeschwindigkeiten zwischen den unterschiedlichen Studien, ähneln sich die Schussgeschwindigkeitsdifferenzen zwischen beiden Beinen erkennbar (12-16 %). Diese und weitere Studien bestätigen, dass mit dem Spielbein signifikant höhere Schussgeschwindigkeiten erreicht werden als mit dem Standbein (Malý et al., 2014; McLean & Tumilty, 1993; Sinclair, Fewtrell, Taylor, Atkins, Bottoms & Hobbs, 2014). McLean und Tumilty (1993) stellten im Zusammenhang ihrer Messungen fest, dass sich die Position des Standbeins zum Ball zwischen der mit rechts und der mit links ausgeführten Bewegung unterschied. Die seitliche Distanz zwischen dem Standbein und dem

Ballmittelpunkt war mit 38,6 cm beim Rechtsschuss signifikant geringer als bei dem Linksschuss mit 46,2 cm. Die Leistungsunterschiede bei der Schusskraft gehen dementsprechend mit unterschiedlichen technischen Ausführungen einher und könnten durch diese begründet sein. McLean und Tumilty (1993) vermuten, dass Fußballer bei einer Schussbewegung ihres Standbeins eine höhere Distanz zwischen Bein und Ball aufbauen, um durch einen größeren Schwungbogen mögliche Schusskraft-Defizite ansatzweise auszugleichen.

Neben einer besseren technischen Umsetzung kann auch eine Kraftdifferenz zwischen beiden Beinen ausschlaggebend für die gemessenen Ergebnisse sein (Mognoni, Narici, Sirtori & Lorenzelli, 1994; Cabri, De Proft, Dufour & Clarys, 1988). Bereits Plagenhoef (1971) demonstrierte, wie wichtig der Ablauf der Beschleunigung des Unterschenkels ist, um eine maximale Geschwindigkeit des Fußes zu generieren. Dies bestätigten Ergebnisse von Dörge et al. (2002), die die Schussgeschwindigkeit im Fußball direkt mit der Fußbeschleunigung und den Kollisionsmechanismen von Fuß und Ball verknüpften. Ausschlaggebend für die Geschwindigkeitsdifferenzen zwischen Schuss- und Standbein ist demnach die höhere Endgeschwindigkeit des Fußes zum Zeitpunkt des Ballkontaktes (Dörge et al., 2002; Sinclair et al., 2014). Analysen der Bewegungsstruktur des Innenseitenschusses von Zago, Motta, Mapelli, Annoni, Galvani und Sforza (2014) bestätigen beim Spielbein eine fünf Prozent höhere Geschwindigkeit des Fußes und des Unterschenkels des Spielbeins. Masuda, Kikuhara, Demura, Katsuta & Yamanaka (2005) ermittelten, welche Muskelgruppen für eine hohe Schussgeschwindigkeit auschlaggebend sind. Dabei stellten sie fest, dass, abhängig von dem Anlaufwinkel, die Kraft der Kniestreckung, die Hüftbeugung und die Hüftadduktion des schussausführenden Beins signifikant auf die resultierende Schusskraft einwirken. In weiteren Studien konnten nachweislich signifikante Unterschiede des Kraftniveaus zwischen dem Spiel- und dem Standbein festgestellt werden, die auf eine Kraftdominanz des Spielbeins hinweisen (Baczkowski, Marks, Silberstein & Schneider-Kolsky, 2006; Rahnama et al., 2005; Masuda et al., 2005)

Feustel (1974) entwickelte eine Kenngröße, mit der eine quantitative Aussage über die technische Ausführung eines Schusses getroffen werden kann. Dazu analysierte er die Schussbewegung bei einem Vollspannstoß und stellte fest, dass die Abfluggeschwindigkeit des Balls ca. 27,1 m/s betrug und damit durchschnittlich 10 m/s schneller war als der Fuß des Schussbeins. Also setzte er die Ballgeschwindigkeit mit der Fußgeschwindigkeit ins Verhältnis und errechnete dadurch den Kennwert. Grundsätzlich sollte der Kennwert größer als Eins sein und umso größer er ist, desto besser ist die technische Ausführung des Schusses. Anhand dieses Kennwerts könnten die Schussleistungen beider Beine noch genauer analysiert werden und anhand der motorischen Determinanten Schnellkraft und Technik der mögliche Schwachpunkt des Standbeins in Bezug auf die Schusshärte herausgestellt werden. Das in dieser Studie verwendete „Personal Sports Radar" von „Supido" ermöglicht es nicht, den entsprechenden Faktor zu bestimmen, der für die erbrachte Mehrleistung des Spielbeins zuständig ist.

Die Resultate der Schussgenauigkeitsuntersuchung überraschen auf den ersten Blick. Es konnten statistisch keine Unterschiede zwischen dem Spiel- und dem Standbein festgestellt werden, es wurde sogar tendenziell mit dem Standbein zielsicherer geschossen als mit dem Spielbein. Möglicherweise lag der größere Trefferfolg des Standbeins (51,9 %) gegenüber dem Spielbein (44,4 %) an unterschiedlichen Schusstechniken. Da die Schusstechnik bei diesem Test nicht vorgegeben war, entschieden sich eine Vielzahl der Spieler für unterschiedliche Schusstechniken. Das Problem liegt vermutlich in der Aufgabenstellung begründet, nach der „möglichst hart in das vorgegebene Zielfeld" geschossen werden sollte und so die

Gewichtung des „hart" und „genau" Schießens individuell unterschiedlich bewertet werden konnte. Dies führte eventuell dazu, dass ein Großteil der Probanden mit ihrem Spielbein ein höheres Risiko bei der Generierung der Schusskraft einging, mit dem Glauben, trotzdem das Ziel zu treffen. Dies führte offenbar zu einer höheren Schusskraft, aber im Gegenzug zu einer tendenziell erhöhten Fehlschussrate, welche sich in den Ergebnissen widerspiegelt. So nutzten augenscheinlich viele Probanden den Vollspannstoß bei ihrem Spielbein und schossen bei ihrem Standbein mit der Innenseite. Eine Verbindung beider Faktoren (Kraft und Genauigkeit) scheint unter dem Aspekt der Wettkampfsnähe dennoch sinnvoll, da im Spielgeschehen Torhüter bestmöglich durch hart und platziert geschossene Bälle überwunden werden können. Ein Test, bei dem lediglich die Schussgenauigkeit gemessen werden würde, könnte zu sehr schwach geschossenen Bällen führen, die vielmehr den Charakter eines Passes aufweisen würden.

Die Betrachtung der Schussgenauigkeit in den unterschiedlichen Ligen zeigt jedoch, dass lediglich die Spieler der Freizeitmannschaft für die höhere Schussgenauigkeit mit dem Standbein verantwortlich sind. Die Spieler dieser Liga trafen mit dem Spielbein deutlich schlechter als mit dem Standbein (-71 %), während die Spieler der Landesliga (11 %) und der Kreisliga (9 %) mit dem Spielbein genauer schossen. Dies könnte an mangelnden technischen Fertigkeiten beim Torschuss der Freizeitligaspieler liegen. Diese waren möglicherweise nicht in der Lage, mit ihrem Spielbein eine hohe Schussgeschwindigkeit durch einen Vollspannstoß und ein gewisses Maß an Schussgenauigkeit zu verbinden.

In einer Studie von Nagasawa, Demura, Matsuda, Uchida und Demura (2011), in der die Schussgenauigkeit des Innenseitenstoßes untersucht wurde, konnten ebenfalls keine Unterschiede zwischen dem Spielbein und dem Standbein festgestellt werden. Andere Studien deuten auf Unterschiede der Schussgenauigkeit beider

Beine hin. In der Studie von McLean & Tumilty (1993) konnten signifikante Unterschiede der Schussgenauigkeit zwischen beiden Beinen festgestellt werden. Die zwölf Probanden schossen mit dem rechten Bein mit einer Trefferwahrscheinlichkeit von 66 % und mit dem linken Bein lediglich mit 33,3 %. Duško, Popović und Petković (2013) konnten ebenfalls signifikante Unterschiede hinsichtlich der Schussgenauigkeit beim Innenspannstoß feststellen. Dabei analysierten sie die Schussgenauigkeit von 20 Fußballern in nichtermüdetem und ermüdetem Zustand unter der Vorgabe, einmal mit maximaler und einmal mit optimaler Intensität zu schießen. Es konnten nur bei der ermüdeten Durchführung bei maximaler Intensität keine Unterschiede festgestellt werden, bei den anderen Durchgängen waren die Ergebnisse mit dem Spielbein signifikant besser. Dies könnte darauf hinweisen, dass die nicht signifikanten Ergebnisse der aktuellen Studie, neben der „ungenauen" Aufgabenstellung, möglicherweise mit der Intensität und der teilweise fortgeschrittenen Ermüdung durch das Warm-up und der vorgeschalteten Testung der Dribbelgeschwindigkeit zusammenhängen könnten.

7.2 Ligaspezifische Leistungsunterschiede

Die Hypothese, dass leistungsstärkere Fußballmannschaften eine geringere Spiel-Standbein-Differenz hinsichtlich ihrer „Effektivität" aufweisen, konnte in dieser Studie nicht bestätigt werden. Carey et al. (2001) vermuten ebenfalls, dass Amateurfußballer gegenüber Profifußballern eine höhere Leistungsdifferenz zwischen beiden Beinen aufweisen könnten, konnten diese jedoch ebenso nicht statistisch belegen. Eine ausgeglichene Spielfähigkeit beider Beine scheint sich demnach nicht zwangsläufig positiv auf die Leistungsklasse eines Fußballers auszuwirken.

Abgesehen von der Spiel-Standbein-Differenz erreichten die Spieler der Landesliga mit ihrem Spielbein und ihrem Standbein die besten

Ergebnisse beim Dribbling, Jonglieren und der Schusskraft, nur bei der Schussgenauigkeit trafen die Spieler der Kreisliga mit beiden Beinen häufiger. Dabei waren die Unterschiede zwischen den Ligen beim Dribbling ($p = 0.007$) und beim Jonglieren ($p < 0.001$) signifikant. Das deutet darauf hin, dass die technischen Fertigkeiten in direkter Verbindung mit dem Erfolg eines Fußballers stehen. Bei der Messung des Gleichgewichts und der Sprungweiten konnten keine signifikanten Unterschiede festgestellt werden. Demnach könnte man annehmen, dass die technischen Ballfertigkeiten für das Niveau eines Fußballers leistungsbestimmender sind als die ballunabhängigen konditionellen und koordinativen Fähigkeiten.

Zuber und Conzelmann (2012) untersuchten die Konstrukt- und Kriteriumsvalidität des DFB-Talentförderprogramms und ihre Bestandteile mit dem Ziel, Fertigkeits- und Fähigkeitsmerkmale in Bezug auf die sportliche Höchstleistung zu bestimmen. Dazu analysierten sie 134 männliche U13-Fußballer aus unterschiedlichen Regionalkadern und 55 männliche Fußballer mit einem Durchschnittsalter von 12,2 Jahren aus nicht leistungsorientierten Fußballmannschaften. Diese Ergebnisse zeigten signifikante Unterschiede zwischen den Ergebnissen der Regionalkaderspieler und der Spieler aus nicht leistungsorientierten Fußballmannschaften. Die Ergebnisse deuten darauf hin, dass sowohl die konditionellen Fähigkeiten, insbesondere die Sprint- ($p < 0.001$) und Sprungfertigkeiten ($p < 0.001$), als auch die technischen Fertigkeiten (Dribbling: ($p < 0.001$); Jonglieren: ($p < 0.001$); Torschuss: ($p = 0.005$) das Leistungsniveau der Spieler gleichermaßen positiv beeinflussen. Weitere Studien bestätigen, dass sich neben den technischen Fertigkeiten auch konditionelle Parameter signifikant unterscheiden und höherklassige Fußballmannschaften bessere Resultate erzielen (Gissis, Papadopoulos, Kalapotharakos, Sotiropoulos, Komsis & Manolopoulos, 2006; Cometti, Maffiuletti, Pousson, Chatard & Maffulli, 2001; Kalapotharakos, Strimpakos, Vithoulka, Karvounidis, Diamantopoulos & Kapreli, 2006). Abhängig von der jeweiligen Position scheinen die konditionellen Fähigkeiten Kraft, Geschwindigkeit und Ausdauer von unterschiedlicher Bedeutung zu sein (Reilly, Bangsbo & Franks, 2000). Offen bleibt jedoch, ob die signifikant besseren Ergebnisse dieser Studien Grund oder Resultat eines höheren Spielniveaus sind. Haben die Spieler der höheren Leistungsklassen das höhere Niveau in diesen erworben, oder spielen sie dort aufgrund eines erhöhten Leistungsniveaus?

Ob sich das Verhältnis von Rechtsfüßern und Linksfüßern in den unterschiedlichen Ligen unterscheidet, lässt sich anhand dieser Studie nicht erfassen. Die Landesligamannschaft weist zwar den höchsten Anteil an Linksfüßern auf, doch reicht die Probandenzahl nicht aus, um diesbezüglich valide Aussagen zu treffen. In früheren Untersuchungen von Porac und Coren (1981) konnten keine signifikanten Unterschiede des mittleren Leistungsniveaus bei Fußballern hinsichtlich ihrer Füßigkeit festgestellt werden. Aktuelle Untersuchungen von Carey et al. (2009), bei denen im Amateurbereich 80 % Rechtsfüßer und im Profibereich 75 % Rechtsfüßer festgestellt wurden, weisen jedoch darauf hin, dass die extreme Rechtsfußdominanz in höheren Ligen abnimmt. Unklar bleibt allerdings, ob die verbleibenden Spieler eine Linksfüßigkeit oder Beidfüßigkeit aufweisen.

Abschließend lässt sich sagen, dass viele Faktoren die Leistungsfähigkeit eines Fußballers bestimmen und sich dementsprechend auf die Ligazugehörigkeit auswirken. Die Ergebnisse dieser Studie deuten nicht auf eine abnehmende Spiel-Standbein-Differenz bei steigender Ligazugehörigkeit in Bezug auf ballspezifische Fertigkeiten hin, sondern lassen viel mehr vermuten, dass beide Beine in höheren Ligen technisch besser ausgebildet sind. Auch bei fußballspezifischen Fertigkeiten ohne Ball steigt das Niveau mit der jeweiligen Leistungsklasse. Nichtsdestotrotz scheinen beidfüßige Spieler nach Bryson et al. (2013) für Fußballvereine einen gewissen Mehrwert zu haben, was sich in dem Gehaltsgefüge widerspiegelt. Demnach bekommen beidfüßig veranlagte Spieler eine größere monetäre Aufmerksamkeit gegenüber Spielern mit einer einseitigen Spielveranlagung. Der Grund hierfür ist möglicherweise jedoch nicht eine „bessere" Spielfähigkeit, sondern die Möglichkeit, solche Spieler positionsspezifisch vielseitiger einzusetzen. Dies könnten weitere Untersuchungen in Form von Analysen wechselnder Spielpositionen einzelner Spieler über eine Saison prüfen.

7.3 Lateralitätsunterschiede beim motorischen Gleichgewicht

Die Hypothese, dass die Probanden auf ihrem Standbein stabiler stehen als auf ihrem Spielbein konnte nicht bestätigt werden. Es konnten keine signifikanten Unterschiede zwischen beiden Beinen aufgezeigt werden, lediglich die Unterlage spielte hinsichtlich der Ergebnisse eine signifikante Rolle.

Der Vorteil des „Balance Error Scoring Systems" ist die Einfachheit der Ausführung und die Reproduzierbarkeit der Testsituation unabhängig der Umwelteinflüsse. Aufgrund der unkomplizierten Durchführung nutzen laut Bell, Guskiewicz, Clark & Padua (2011) immer mehr Studien „BESS" als Messinstrument für das Gleichgewicht. Dabei wird die Reliabilität des „Balance Error Scoring Systems" von Bell et al. (2011) als moderat bis gut in Bezug auf die Gleichgewichtsmessung bewertet. Auf der anderen Seite zweifeln Bressel et al. (2007) die ausreichende Sensibilität des Systems an und sehen die Schwierigkeit darin, feinere Unterschiede in den Gleichgewichtsleistungen zu finden und herauszustellen. Das Einsatzgebiet des „BESS" ist vielseitig, dementsprechend jedoch auch relativ unspezifisch in Bezug auf einzelne Sportarten. Der „single leg stance" nach der „BESS"-Untersuchungsmethode untersucht zwar das Gleichgewicht der Probanden, weist jedoch einen anderen Beanspruchungscharakter als Gleichgewichtssituationen im Fußballspiel auf. Dort geht es primär um die Bewegungskontrolle bei komplexen schnellen Bewegungen oder nach Sprungaktionen. Der Bewegungsapparat muss auf die Einflüsse des Gegners, des Balls und des eigenen Körpers reagieren, um das Gleichgewicht aufrechtzuerhalten oder wiederherzustellen. Diese Komplexität unterscheidet sich deutlich von der Versuchsdurchführung des „BESS", ist jedoch schwer reproduzierbar und als Untersuchung durchzuführen. Allgemein lässt sich zwischen statischen und dynamischen Gleichgewichtstests unterscheiden. In der Literatur sind Zusammenhänge zwischen beiden Formen umstritten, so dass es schwer ist, den „single leg stance" im Kontext Fußball einzuordnen. Einige Studien ergaben statistisch signifikante Korrelationen zwischen statischen und dynamischen Gleichgewichtstests (Williams & Morris, 2011; Hrysomallis, McLaughlin & Goodman, 2006), während andere Untersuchungen keine signifikanten Interdependenzen aufzeigten (Sell, 2012; Karimi & Solomonidis, 2011). Ein Versuchsaufbau mit fußballspezifischem dynamischem Charakter könnte repräsentativere Ergebnisse erzielen und diese auch vor dem Hintergrund der Lateralität der unteren Extremitäten besser einordnen. Hrysomallis et al. (2006) nennen allerdings die Problematik der Reproduzierbarkeit als ein generelles Problem von dynamischen Gleichgewichtstests. Der Versuch, auf einem Bein stehend einen zugeworfen Ball mit dem jeweils anderen Bein zurückzuspielen, wäre beispielsweise ein fußballspezifischerer dynamischer Ansatz, jedoch problematisch hinsichtlich der Reproduzierbarkeit. Es müsste sichergestellt werden, dass jeder Ball auf exakt die gleiche Weise zu den Probanden gespielt wird. Nur auf diese Weise würde eine ausreichende Validität und Reliabilität gewährleistet sein. Dies wiederum erscheint in Form eines zeitlich eingeschränkten Feldversuchs sehr schwierig umzusetzen zu sein. Darüber hinaus hängt das dynamische Gleichgewicht auch immer von anderen Faktoren wie der Muskelkraft und der Beweglichkeit ab und müsste daher mit Vorsicht interpretiert werden (Williams &

Morris, 2011). Selbst bei statischen Gleichgewichtstests muss berücksichtigt werden, dass die Gleichgewichtsbedingungen durch vorangegangene dynamische Phasen beeinflusst werden können (Jonnsson, Seiger & Hirschfeld, 2004). Im Fall des „single leg stance" nach „BESS" stellt jeder auf einen Fehler folgende Zeitabschnitt eine solche dynamische Phase dar. Edlinger (2013) empfiehlt eine Aneinanderreihung diverser Gleichgewichtsuntersuchungen, um einen Eindruck über das Gleichgewicht von Personen oder von unterschiedlichen Extremitäten zu erlangen.

Inwiefern die Ergebnisse dieser Studie repräsentativ für die Gleichgewichtsleistungen des Spiel- und des Standbeins sind, soll anhand diverser Untersuchungen anderer Autoren beleuchtet werden. Gstöttner et al. (2009) untersuchten das motorische Gleichgewicht von 21 Fußballern im Amateurbereich anhand verschiedener Messmethoden. Die Messungen mit dem „Biodex Balance System", bei dem dynamische Auslenkungen der Probanden auf einer zirkulären Plattform in Richtung der medio-lateralen und antero-posterioren Achse gemessen werden, wiesen keine signifikanten Unterschiede zwischen beiden Beinen auf. Bei der Gleichgewichtsmessung mit dem „Tetraxsystem", das anhand vier voneinander unabhängiger Messplatten die auftretende Vertikalkraft der Fußballen und Fersen der Probanden misst, konnten ebenfalls keine signifikanten Unterschiede zwischen beiden Beinen festgestellt werden. Die Ergebnisse deuten jedoch in geringem nicht signifikanten Maße auf eine tendenziell bessere Stabilität des Standbeins hin, besonders unter Verwendung eines Balance-Pads (Spielbein: 38,08 ± 11,07; Standbein: 40,09 ± 13,6; p = 0.12). Gstöttner et al. (2009) vermuten, dass ein instabiler Untergrund das propriozeptive System in einem höheren Maße anspricht und dies von dem Standbein besser umgesetzt werden kann. Bei einem Blick auf die Ergebnisse der aktuellen Studie kann man geringfügig bessere Standbeinleistungen auf der instabilen Unterlage feststellen (Spielbein: 6,07 ± 1,69 Fehler;

Standbein: 5,88 ± 1,48 Fehler), während auf der stabilen Unterlage mit dem Spielbein marginal bessere Ergebnisse erzielt wurden (Spielbein: 2,07 ± 1,54; Standbein 2,3 ± 2 Fehler). Dies deckt sich mit den Einschätzungen von Gstöttner et al. (2009), es mangelt jedoch an jeglicher statistischer Signifikanz und muss daher sehr vorsichtig beurteilt werden.

Bressel et al. (2007) führten Messungen mit dem „Balance Error Scoring System" bei 34 weiblichen Sportlerinnen durch. Dabei verglichen sie das Gleichgewicht zwischen unterschiedlichen Sportarten (Fußball, Basketball, Gymnastik) und zeigten jeweils die Ergebnisse beider Beine auf. Auch bei diesen Ergebnissen konnten keine signifikanten Unterschiede zwischen beiden Beinen gemessen werden, jedoch gab es Auffälligkeiten bei den Beindominanzen. So zeigten lediglich die Fußballerinnen im Vergleich mit den anderen Sportlerinnen bessere Leistungen mit dem nichtdominanten Bein. Die Fußballerinnen machten mit ihrem nichtdominanten Bein durchschnittlich 11.6 ± 1.4 und mit ihrem dominanten Bein 13,3 ± 1,3 Fehler und waren damit einerseits die einzigen Athletinnen mit besseren Leistungen der nichtdominanten Seite und auf der anderen Seite diejenigen mit der größten Leistungsdifferenz zwischen beiden Beinen. Die vergleichsweise hohen Fehlerzahlen resultieren aus der Summierung der Testvariationen „single leg stance" (stabil & instabil) und „tandem stance" (stabil & instabil), bei dem beide Füße direkt hintereinander positioniert werden. Diese Ergebnisse könnten im Hinblick auf Beinlateralitäten ein dezenter Hinweis für einen erhöhten Stellenwert des motorischen Gleichgewichts des Standbeins im Fußball sein. Trotz leichter Tendenzen, die in einigen Studien für ein besseres motorisches Gleichgewicht des Standbeins sprechen, kann anhand der aktuellen Literatur nicht von signifikanten Unterschieden gesprochen werden.

Unabhängig von der Beindominanz zeigen die Ergebnisse dieser Studie „hoch" signifikante Unterschiede zwischen den Gleichgewichtsleistungen in Abhängigkeit des Untergrunds. Auch bei den Ergebnissen von Gstöttner et al. (2009) konnten unterschiedliche Ergebnisse zwischen Messungen auf einer instabilen und einer stabilen Unterlage nachgewiesen werden. Dies zeigt eindeutig, dass die Beschaffenheit des Untergrunds direkt mit der Gleichgewichtsleistung verknüpft ist. Die unterschiedlichen Ergebnisse der Probanden auf der stabilen gegenüber der instabilen Unterlage lassen weitergehend annehmen, dass die Beschaffenheit des Platzes direkten Einfluss auf die posturale Kontrolle der Spieler hat. Zum einen unterscheiden sich die Platzuntergründe (Naturrasen, Kunstrasen, Asche, Halle) und zum anderen können die Witterungsbedingungen die Platzverhältnisse darüber hinaus verändern und zu erschwerten Bedingungen für das Gleichgewicht führen. Die Ergebnisse lassen annehmen, dass die Härte des Untergrundes positiv mit der Fähigkeit der posturalen Kontrolle korreliert. Das würde bedeuten, dass der vom Wetter abhängige Rasenzustand (Rasentiefe) beim Fußball Einfluss auf das Gleichgewicht und damit möglicherweise auf die Leistungsfähigkeit der Spieler hat. Eine Schneeschicht auf dem Spielfeld könnte für eine erhöhte Instabilität sorgen und würde damit vermutlich nicht nur das Verhalten des Balles beeinflussen, sondern sich ebenso negativ auf das Gleichgewicht der Spieler auswirken. Eine kurz vor dem Spiel durchgeführte Rasenbewässerung, die zu einer veränderten Rasenbeschaffenheit führt, hätte vermutlich einen ähnlichen Einfluss auf die Leistungsfähigkeit der Spieler.

Letztlich konnten in dieser Untersuchung ausschließlich Differenzen bei der Gleichgewichtsleistung unter Verwendung unterschiedlicher Unterlagen eindeutig nachgewiesen werden. Dies falsifiziert demnach die Hypothese, dass das Standbein für ein verbessertes motorisches Gleichgewicht sorgt und weist demnach unter dem Aspekt Gleichgewicht nicht auf eine Dominanz des Standbeins hin.

7.4 Lateralitätsunterschiede bei den Kraftfähigkeiten

Die Hypothese, dass das Standbein sprungkräftiger ist als das Spielbein, konnte in dieser Untersuchung nicht verifiziert werden. Es konnten keine Unterschiede bei den Sprungweiten des Dreierhopps zwischen dem Spielbein und dem Standbein gemessen werden.

Die Durchführung des Dreierhopps benötigt weder komplexe technische Geräte noch einen größeren Zeitaufwand und scheint unter diesem Aspekt ökonomisch sinnvoll. Der Vorteil der Untersuchungsmethode Dreierhopp unter dem Aspekt der Lateralität ist die Möglichkeit, beide Beine isoliert voneinander zu betrachten und Asymmetrien zu erkennen (Ostenberg, Roos, Ekdahl & Roos, 1998). Im weiteren Verlauf soll diskutiert werden, inwieweit Leistungen beim Dreierhopp die Kraftfähigkeiten der unteren Extremitäten widerspiegeln und Lateralitäten aufdecken. Impellizzeri, Rampini, Maffiuletti & Marcora (2007) weisen in diesem Zusammenhang auf die größere Bewegungsähnlichkeit von Sprungtests gegenüber isokinetischen Tests mit fußballspezifischen Bewegungen hin und befürworten diese Art der Untersuchung. Sprungtests benötigen ein hohes Maß an Kraft und einbeinige Sprünge darüber hinaus ein erhöhtes Maß an posturaler Kontrolle. Zu welchen Anteilen diese Faktoren die Sprungweite beeinflussen, ist bisher nur unzureichend bekannt (Hamilton, Shultz, Schmitz & Perrin, 2008). Die Ergebnisse des einbeinigen Dreierhopps dürfen aus diesem Grund nicht nur auf die Kraftfähigkeiten reduziert werden, sondern müssen auch unter dem Aspekt des motorischen Gleichgewichts eingeordnet werden. Um den Einfluss des Gleichgewichtes möglichst gering zu halten, durfte bei dieser Untersuchung die Landung beidbeinig erfolgen und vor dem einbeinigen Absprung das jeweils andere Bein aufgesetzt werden, um den Versuch aus einem stabilen Stand zu starten. Der Einsatz von einbeinigen Sprungtests wie dem Dreierhopp ist laut verschiedener Autoren trotz simplen Aufbaus dennoch reliabel und valide und ermöglicht eine aussagekräftige Untersuchung der Kraftfähigkeiten (Hamilton et al., 2008; Ross, Langford & Whelan, 2002; Bolgla & Keskula, 1997). Neben dem *M. triceps surea* (Wadenmuskulatur) und dem *M. glutaeus maximus*, dem kräftigsten Strecker im Hüftgelenk (Schünke, 2000), die ebenfalls an der Sprungbewegung beteiligt sind, nennen Hamilton et al. (2008) den *M. quadriceps femoris* und die ischiokrurale Muskulatur als die primären Determinanten der Sprungfähigkeit beim Dreierhopp. Hübner, Tschopp, Buholzer und Clénin (2005) untersuchten mögliche Korrelationen zwischen einfachen Feldtests (Standweitsprung, Fünferhopp, 30m-Sprint, Jump and Reach) und der Kraftmessplatte zur Ermittlung der Explosivkraft und konnten bei nahezu allen Tests signifikante Ergebnisse sichern. Weitere Untersuchungen zeigten eine positive Korrelation zwischen dem horizontalen Dreierhopp und Vertikalsprüngen wie dem „Counter-Movement-Jump" (Hamilton et al., 2008; Gustavsson, Neeter, Thomeé, Silbernagel, Augustsson, Thomeé & Karlsson, 2006). Diese Untersuchungen bestätigen einerseits die Aussagekraft einfacher Sprungtests in Bezug auf Kraftfähigkeiten und weisen andererseits auf Ähnlichkeiten des motorischen Anforderungsprofils schnellkräftiger Feldtests hin.

Die Sprungtest-Ergebnisse dieser Studie lassen darauf schließen, dass sich das Sprungkraftvermögen zwischen Spielbein und Standbein nicht unterscheidet. Die spezifischen Anforderungen des Standbeins im Fußballspiel scheinen sich demnach nicht begünstigend auf die Sprungkraft auszuwirken. Dies bestärken auch Ergebnisse von Menzel, Chagas, Szmuchrowski, Araujo, de Andrade und de Jesus-Moraleida (2013), die in ihrer Studie professionelle Fußballer auf Asymmetrien der unteren Extremitäten mithilfe von isokinetischen und vertikalen Sprungtests untersuchten. Dabei überprüften sie anhand verschiedener Drehmomente (60, 180 und 300 °/s) die isokinetische Kniestreckung und die wirkenden Kräfte beim „Counter-Movement-Jump" auf einer Kraftmessplatte. Dabei konnten sie keine signifikanten Unterschiede zwischen beiden Beinen feststellen, welche auf ein eindeutig stärkeres Bein hinweisen. Betrachtet man eine ähnlich aufgebaute Studie von Fousekis, Tsepis & Vagenas (2010), in der 100 professionelle Fußballer (74 rechtsfüßig, 16 linksfüßig, 10 beidfüßig) auf Asymmetrien der isokinetischen Kraftfähigkeiten untersucht wurden, lässt sich bei dieser Studie hingegen eine Dominanz des Spielbeins erkennen. Die Messungen der Knieextension und -flexion wurden konzentrisch und exzentrisch und ebenfalls mit verschiedenen Drehmomenten durchgeführt (konzentrisch: 60, 180 und 300 °/s; exzentrisch: 60 und 180 °/s). In dieser Untersuchung konnten signifikante Unterschiede der Kraftfähigkeiten, sowohl zwischen rechts und links ($P = 0.001$), als auch zwischen dominant und nicht dominant ($p = 0.007$) festgestellt werden. Bei allen konzentrischen Messungen, sowohl bei der Extension als auch der Flexion, waren die erbrachten Leistungen mit dem rechten Bein (i.d.R. das dominante Bein bzw. Spielbein) im Mittelwert höher als mit dem linken Bein (i.d.R. das nichtdominante Bein bzw. Standbein) (L: 0 / R: 6). Bei den exzentrischen Messungen wurde bei der Extension und der Flexion ein vermeintlich ausgeglichenes Kräfteverhältnis bestimmt (L: 2 / R: 2). Die explosive konzentrische Kraftentfaltung ist in Verbindung mit der Sprungkraft elementar und könnte ein wichtiger Indikator für die erzielten Sprungweiten sein. Diese konnten jedoch in keiner Studie bestätigt werden. Die geschilderten Abweichungen der unterschiedlichen Ergebnisstrukturen der erwähnten Studien erschweren die Einschätzung der Kraftverhältnisse beider Beine im Fußball und lassen kein klares Urteil zu.

Inwieweit der technische Aspekt beim Dreierhopp und eine individuelle Sprungbeinbevorzugung, unabhängig von der im Fußball präferierten Fußdominanz, sich auf die in dieser Studie erzielten Ergebnisse ausgewirkt hat, bleibt ebenfalls in diesem Kontext unbeantwortet. Möglicherweise verfügt das Spielbein über ein erhöhtes Kraftpotenzial und das Standbein über eine technisch bessere Umsetzung bei Sprungbewegungen, welche sich gegenseitig aufheben. Die hier diskutierten Messungen lassen zumindest kaum direkte Schlüsse auf die Sprungkraft von Spiel- und Standbein zu und deuten darauf hin, dass die Sprungkraft nicht von der fußballspezifischen Beindominanz beeinflusst wird. Verschiedene Messtechniken ergaben unterschiedliche Ergebnisse, sodass man beim aktuellen Forschungsstand nicht von einem statistisch gesicherten Wissen über die Sprungkraftfähigkeiten in Bezug auf Lateralitäten der unteren Extremitäten sprechen kann.

Die erreichten Weiten in dieser Studie erscheinen darüber hinaus unterdurchschnittlich. Wenn man die nach Weineck (2007) definierten Sprungleistungen des Dreierhopps zum Vergleich heranzieht, nach denen Ballsportler und Sportstudenten Werte von 7-8 m erreichen, liegen die Sprungweiten dieser Studie deutlich darunter (Spielbein: 6,09 ± 0,82 m; Standbein: 6,08 ± 0,86 m). Leichtathleten erreichen nach Weineck (2007) indessen sogar Sprungweiten von 9-10 m. Diese Ergebnisse sind möglicherweise dadurch zu erklären, dass die Versuchsreihe auf dem Fußballplatz durchgeführt wurde und die Struktur des Untergrundes die Sprungweiten ungünstig beeinflusst haben könnte. Der Dreierhopp erfasst die einbeinige Sprungkraftfähigkeit im Dehnungs-Verkürzungszyklus (Bant, Haas, Ophey, & Steverding, 2011), sodass harte Untergründe höchstwahrscheinlich positiv mit den Sprungweiten korrelieren. Ein „weicher" Rasenplatz könnte demnach die Ergebnisse nachweislich beeinträchtigen und zu einer Reduzierung der Sprungweiten führen. Die etwas deutlicher abfallenden Sprungweiten in der Freizeitliga könnten mit der körperlichen Konstitution der Probanden zusammenhängen. Die Spieler der Freizeitliga (81,4 ± 11,8 kg) wiesen ein höheres Körpergewicht als die Spieler der Landesliga (74,0 ± 23,6 kg) und der Kreisliga (75,5 ± 10,8 kg) auf.

In Anbetracht der Ergebnisse dieser Studie und der Literatur, die sich mit den Kraftfähigkeiten der Beine in Bezug auf Lateralitäten auseinandergesetzt hat, konnte kein höheres Kraftniveau des

Standbeins festgestellt werden. Demnach konnte die aufgestellte Hypothese nicht verifiziert werden und das Standbein scheint auch unter dem Aspekt Kraft nicht als dominant zu bezeichnen zu sein.

7.5 Limitierungen der Untersuchung

Das Design dieser Studie erlaubt nur bedingt Rückschlüsse auf die Bewegungshandlungen im Spiel und kann die Komplexität des Spiels nicht widerspiegeln. Die technischen Fertigkeiten wurden ohne Gegenspieler durchgeführt und waren von dem Bewegungsablauf vorgegeben. Die Schwierigkeit besteht in dem Widerspruch des unvorhersehbaren Charakters des Fußballspiels und der möglichst validen und reliablen Durchführung in Form von standardisierten Versuchsreihen.
Alle Messungen unterlagen gewissen Unsicherheitsfaktoren. Messungenauigkeiten könnten zum einen durch die veränderten Messbedingungen der verschiedenen Testtage (Geräuschkulisse, Uhrzeit, Wetter etc.) und zum anderen aber auch durch die jeweilige Tagesform der Probanden aufgetreten sein. So wurde vor den Untersuchungen weder nach der Ernährung, noch nach den sportlichen Aktivitäten der Vortage, oder dem Alkohol- bzw. Drogenkonsum gefragt. Zusätzlich könnten die Ergebnisse durch Messfehler der Messsysteme oder des Messleiters beeinflusst worden sein. Lernprozesse, aber auch Faktoren wie Erschöpfung könnten im Laufe der Testungen ebenfalls zu einer Abweichung der Ergebnisse geführt haben. Darüber hinaus wurden die Messungen, abhängig von der Ligazugehörigkeit, auf unterschiedlichem Grund durchgeführt, was Einfluss auf die Ergebnisse im Kontext der Leistungsunterschiede der unterschiedlichen Ligen gehabt haben könnte. Die Ergebnisse der Schusskraft und des motorischen Gleichgewichts müssen besonders kritisch betrachtet werden.

Auch wenn beide genutzten Messmethoden zur Schusskraftbewertung signifikant miteinander korrelieren, sind die Ergebnisse beider Methoden mit Vorsicht zu beurteilen. Die subjektive Bewertung hängt einerseits immer von der persönlichen Einschätzung des Testleiters ab und andererseits lässt die Flugkurve nicht immer eindeutig auf die Schusshärte schließen. Abhängig vom Treffpunkt von Fuß und Ball kann der Ball flach, mit ansteigender Flugbahn oder mit schnell fallender Flugbahn geschossen werden. Der Effet (Drall) des Balles lenkt dabei den Luftstrom ab, so dass „der Ball eine Kraft in die der Ablenkung entgegengesetzten Richtung" erfährt (Walker, 2008). Der Effet, der dem Ball beim Torschuss gegeben werden kann, hat einen direkten Einfluss auf die Flugbahn des Balls und damit auf das subjektive Ergebnis. Die Aussagekraft dieser Messmethode ist aus diesem Grund eher als relativ gering einzuschätzen. Das objektive Messsystem (Radar) bewertet die tatsächlich gemessene Schussgeschwindigkeit, stößt jedoch an seine Grenzen, wenn der Ball nicht direkt in die Richtung des Messsystems befördert wird. Umso weiter der Ball von der direkten Flugbahn zum „Personal Sports Radar" abweicht, umso geringer fällt die gemessene gegenüber der tatsächlichen Geschwindigkeit aus (Winkelfehler). Das Messsystem zeigt die Geschwindigkeit an, in der sich der Ball auf das Gerät zu bewegt und kann nicht erkennen, in welche Richtung dieser fliegt. Das Ausmaß des Fehlerpotentials ist also direkt mit dem Eintrittswinkel des Zielobjekts verknüpft und steigt bei einer zunehmenden Abweichung. Beträgt der Eintrittswinkel zehn Grad verringert sich die angegeben Geschwindigkeit um zwei Prozent gegenüber der tatsächlichen Geschwindigkeit. Wird der Ball in einem 90° Winkel zum Radarsystem geschossen, kann keine Geschwindigkeit gemessen werden. Dies bedeutet, dass Schüssen, die zielgenauer Richtung Torecke befördert wurden, eventuell höhere Schussgeschwindigkeiten attestiert wurden, als Bällen, die das Ziel verfehlten, obwohl diese Schüsse eine höhere tatsächliche Schussgeschwindigkeit aufwiesen. Diese Messwertabweichungen werden als Cosinus-Fehler bezeichnet und entstehen immer dann, wenn der verwendete Messbereich nicht identisch zu der Bewegungsrichtung ist (Thalmann, 2005). Dass die verschiedenen Trefferquoten zwischen den Beinen und den Ligen statistisch keine Signifikanzen zeigten, liegt wahrscheinlich an den relativ hohen Standardabweichungen im Vergleich zu den Mittelwerten, die unweigerlich entstehen, wenn die zu erzielenden Werte nur Eins (Treffer) und Null (kein Treffer) sind. Eine zukünftige Entzerrung der zu erzielenden Werte würde möglicherweise bei identischer Ausführung auch zu statistisch signifikanten Ergebnissen führen. Dies könnte erreicht werden, wenn der Zielbereich weiter unterteilt oder mehrere Schussdurchgänge addiert würden und dadurch das Wertespektrum erweitert würde.

Die Ergebnisse der Gleichgewichtsuntersuchung sind ebenfalls mit einer gewissen Vorsicht zu deuten. Bei der Durchführung des Gleichgewichtstests kam es zu einigen Störungen, die eventuell direkten Einfluss auf die Leistungen der Fußballer genommen haben könnten. Einerseits gab es während der Untersuchungen, die nahe dem Trainingsbetrieb stattfanden, zeitweilig Ablenkungen durch Kommentare der Mitspieler. Des Weiteren spielen bei Untersuchungen, die unter freiem Himmel stattfinden, Umwelteinflüsse eine große Rolle, besonders bei Untersuchungen, die einen koordinativen Anforderungscharakter aufweisen und ein Höchstmaß an Konzentration erfordern. Neben akustischen Irritationen kam es, ebenfalls aufgrund des Wetters, zu erschwerten Bedingungen. Mitunter wurden die Untersuchungen von Regen und Windböen begleitet und störten eine optimale Ausführung. Dies betraf zwar stets die Ausführung beider Beine, könnte jedoch punktuell die Ergebnisse beeinflusst und sich auf das Gesamtresultat ausgewirkt haben. Die Eindeutigkeit der Ergebnisse lassen jedoch vermuten, dass optimale Bedingungen die Ergebnisse nicht signifikant verändert hätten. Die Bewertung der Testdurchläufe erfolgte durch die subjektive Ein-

schätzung des Testleiters. Die Genauigkeit der Bewertung muss jedoch kritisch hinterfragt werden, da es trotz klarer Fehlerdefinitionen häufig schwierig erschien, Folgefehler eindeutig einzuordnen. Gerade die Testungen auf der instabilen Unterlage waren geprägt durch eine Vielzahl an Folgefehlern, durch die die Wertung erschwert wurde. Das Wiedereinnehmen der Ausgangsposition innerhalb von zwei Sekunden wurde von den Probanden unterschiedlich schnell durchgeführt, was ebenfalls Einfluss auf die Ergebnisse gehabt haben könnte. Letztendlich erlaubt der „single leg stance" auch immer ein gewisses Maß an Ausgleichsbewegungen des Rumpfes, was zwangsläufig zu einer gewissen Maskierung der Unterschiede zwischen beiden Beinen führt. Ausgleichsbewegungen sind aber auch im Fußballspiel selbst Teil der Bewegungskontrolle.
Die Ergebnisse der Messungen der Sprungkraft unterlagen ebenso einer gewissen Ungenauigkeit, da die Probanden zwar direkt neben dem Maßband springen sollten, dieses jedoch neben und nicht direkt auf dem Sprungfeld ausgelegt wurde und die jeweilige Sprungweite so über eine gewisse Distanz eingeschätzt werden musste. Ein Landeabdruck war auf dem Untergrund nur eingeschränkt zu erkennen. Dies führte unter Umständen zu leichten Abweichungen der gemessenen Weiten.

8. Fazit / Ausblick

Zusammenfassend lässt sich sagen, dass vor allem ballspezifische technische Fertigkeiten von einer Lateralität der unteren Extremitäten beeinflusst werden. Mit dem Spielbein konnten größtenteils signifikant bessere Leistungen erreicht werden. Dies betraf die Dribbelgeschwindigkeit, die Jongliergeschwindigkeit und die Schussgeschwindigkeit, lediglich bei der Schussgenauigkeit konnten keine signifikanten Unterschiede festgestellt werden. Das motorische Gleichgewicht und die Sprungfähigkeit scheinen hingegen weniger von einer Lateralität der unteren Extremitäten betroffen zu sein. Demnach konnte die Annahme, dass das Standbein bei fußballspezifischen Teilbewegungen ebenfalls eine Dominanz aufzeigt, nicht bestätigt werden.

Die Auswirkungen auf das Spiel und die Leistungsfähigkeit ist bei komplexen Sportarten wie dem Fußball nur schwer zu erfassen und lässt sich aus diesem Grund nur erahnen. Einige erörterte Gesichtspunkte, wie die Entwicklung der Torerfolge hinsichtlich der Beine, weisen darauf hin, dass sich der moderne Fußball tendenziell zu einer erhöhten Beidfüßigkeit entwickelt. Dies erscheint durchaus sinnvoll in Anbetracht der Charakteristik des Fußballspiels und der steigenden Anforderungen, insbesondere der Handlungsschnelligkeit. Inwiefern sich Beindominanzen auf das Leistungsniveau auswirken ist nach wie vor unzureichend untersucht, aber auch hier deuten einige Aspekte auf eine gewisse Bevorteilung von Beidfüßern bzw. Linksfüßern hin. Physiologische seitenspezifische Anpassungen des Bewegungsapparats scheinen im Fußball nicht untypisch. Es ist jedoch nicht hinreichend bewiesen, dass diese Anpassungen auch mit einer höheren Leistungsfähigkeit korrelieren. Aus diesem Grund und aus gesundheitlichen Gründen sollten seitenspezifische Anpassungen eher skeptisch betrachtet werden. Eine Dominanzaufteilung beider Beine auf Teilbereiche des gesamten Bewegungsablaufs verschiedener fußballspezifischer Fertigkeiten, welche für eine festgelegte Seitenspezialisierung sprechen könnte und damit ein Gegenargument für eine beidfüßige Technikschulung wäre, konnte in dieser Studie nicht nachgewiesen werden.

In Anbetracht der in dieser Arbeit diskutierten Inhalte scheint eine gewisse beidfüßige fußballspezifische Ausbildung für die individuelle Leistungsfähigkeit durchaus förderlich zu sein. Aufgrund dessen und bestärkt durch Dondinho, dem Vater von Pele, der seinem Sohn bereits die Wichtigkeit der Beidfüßigkeit im Fußball verdeutlichte, sollten bereits in der Jugend Trainingsinhalte unter dem Aspekt der Beidfüßigkeit durchgeführt werden. Dondinho vertrat bereits die Meinung, dass nur ein beidfüßiger Spieler den Variantenreichtum des Fußballs voll ausspielen könne. Das Ende der Geschichte ist bekannt. Neben der vermeintlich „effektiveren" Spielfähigkeit, können beidfüßige Spieler vermutlich positionsspezifisch vielseitiger eingesetzt werden. Dies könnten weitere Untersuchungen in Form von Analysen wechselnder Spielpositionen einzelner Spieler über eine Saison hinweg prüfen.

Die Überlegung, dass ein beidbeiniges Training mit einem enorm höheren Zeitaufwand einhergeht, scheint aufgrund des kontralateralen Effekts nicht zutreffend. Dieser Effekt begünstigt eine Miterlernung von Bewegungshandlungen und legt dadurch bereits den Grundstein für eine vergleichsweise schneller umsetzbare ballspezifische technische Erziehung des Standbeins. Trotzdem darf dabei der mögliche Aspekt der angeborenen Dominanz der unteren Extremitäten nicht ignoriert werden. Demnach wird das Standbein höchstwahrscheinlich nie das spieltechnische Niveau des Spielbeins erreichen, und damit eine „vollständige Beidfüßigkeit" eines Spielers ausschließen. In diesem Zusammenhang wäre es interessant, eine Längsschnittstudie durchzuführen, bei der eine Interventionsgruppe ein intensiviertes Training des Standbeines durchführt und eine Kontrollgruppe das reguläre Training absolviert. Anschließend könn-

te die Beurteilung des Ausgangstests Aufschlüsse über einen möglichen Mehrwert eines intensivierten Standbeintrainings liefern oder gegebenenfalls Schwächen aufdecken. Neben der Entwicklung der Standbeinfertigkeiten könnte die Beurteilung der Spielbeinleistung mögliche Nachteile eines solchen Trainingseingriffs aufzeigen.
Weitere Untersuchungen im Profibereich Fußball könnten weitere interessante Erkenntnisse darüber liefern, inwieweit eine Lateralität der unteren Extremitäten sich auf die technischen Fertigkeiten und die Motorik auswirkt. Bei austrainierten Spielern des Profibereichs könnten die Ergebnisse möglicherweise noch aussagekräftiger sein, da bei Amateurspielern individuelle Schwächen vermutlich in größerem Maße in die Ergebnisse einfließen.
Die Untersuchungsreihe der technischen Fertigkeiten ist noch erweiterbar und könnte durch Messstationen der Pass- bzw. Flankenfertigkeiten und der Ballannahme ergänzt werden. Ein Dribbelparcours, der nicht eine beidseitige Ausführung begünstigt, könnte Aufschluss über die Dribbelqualität eines mit der Innenseite gegenüber der eines mit der Außenseite geführten Dribblings geben und dadurch eine Beidfüßigkeit beim Dribbeln besser einordnen lassen. Die Untersuchung der Schusskraft und Schussgenauigkeit könnten in einer voneinander unabhängigen Untersuchung mit vorgegebener Schusstechnik analysiert werden. Dadurch könnten direktere Ergebnisse im Hinblick auf beide Faktoren generiert werden. Bei Untersuchungen der Schussgenauigkeit sollte jedoch eine gewisse Schusshärte erreicht werden, um den Schuss von einem Pass differenzieren zu können. Dies könnte durch eine Mindestgeschwindigkeit oder durch eine gewisse Flughöhe (z.B. nur in die oberen Ecken des Tores schießen) sichergestellt werden. Analysen des Kennwerts nach Feustel (1974) könnten darüber hinaus Aufschluss über die Determinanten Technik und Schnellkraft (Endgeschwindigkeit des Fußes) geben und dadurch ein gezielteres Training des jeweiligen Schwachpunktes ermöglichen.

Hinsichtlich des motorischen Gleichgewichts könnten dynamische Gleichgewichtstests eventuell mögliche Leistungsunterschiede zwischen Spiel- und Standbein aufzeigen. Fußballspezifische Bewegungsabläufe könnten z.b. anhand eines an einem Band aufgehängten Balls, der mit einem bestimmten Impuls getreten werden müsste, simuliert werden, während das jeweilige Standbein auf einer Kraftmessplatte steht. Darüber hinaus könnten positionsspezifische Unterschiede untersucht werden, welche für eine zukünftige Trainingsgestaltung wichtige Informationen liefern würden

Des Weiteren könnten weitere quantitative und qualitative Analysen von Fußballspielen noch konkretere Informationen liefern und z.b. Passquoten, Torschussquoten etc. in Bezug auf Lateralitäten liefern. Ein Vergleich mit den Daten von Carey et al. (2001) von der Fußball-WM 98 würde möglicherweise die Entwicklung und Veränderungen der Spielweise aufzeigen und könnte eine mögliche Tendenz zur Beidfüßigkeit bestätigen.

Abschließend lässt sich festhalten, dass das Thema Lateralität gerade im Hinblick auf komplexe Sportspiele noch viel Raum für Nachforschung zulässt und möglicherweise noch bedeutende Leistungsreserven birgt. Gerade im Fußball, der vermutlich populärsten Sportart der Welt, sollten deshalb die Auswirkungen von Lateralität der unteren Extremitäten weiter untersucht werden.

9. Literaturverzeichnis

Althoff, J. (1997). Der linke Fuß macht reich. *Sport-Bild, 10*(48), 36 ff.

Apel, J. P. (2010). *Die neue Physik: Wie Physik endlich zur Wissenschaft wird.* Norderstedt: Books on Demand.

Arnold-Schulz-Gahmen, B., Ehrenstein, W., Schweingruber, T., Selinski, S., Urfer, W. & Zschiesche, E. (1998). Laterality of eye, ear hand and foot: distribution and implications for sensory-motor performance. *European Journal of Physiology, 435,* R: 228.

Baczkowski, K., Marks, P., Silberstein, M. & Schneider-Kolsky, M. E. (2006). A new look into kicking a football: An investigation of muscle activity using MRI. *Australasian Radiology, 50*(4), 324–329.

Bant, H., Haas, H.-J., Ophey, M. & Steverding, M. (Ed.). (2011). *Sportphysiotherapie.* Stuttgart: Thieme.

Bausenwein, C. (2006). *Geheimnis Fussball: Auf den Spuren eines Phänomens* (2. erg. Aufl.). Göttingen: Die Werkstatt.

Behnke, J., Bräuninger, T. & Shikano, S. (2010). *Schwerpunkt Neuere Entwicklungen des Konzepts der Rationalität und ihre Anwendungen* (1. Aufl.). Wiesbaden: Springer VS.

Bell, D., Guskiewicz, K., Clark, M. & Padua, D. (2011). Systematic Review of the Balance Error Scoring System. *Sports Health, 3*(3), 287–295.

Bethe, A. (1933). Besteht bei jedem Menschen eine eindeutige Überlegenheit einer Hirnhälfte und ist die linke Hemisphäre wertvoller als die rechte? *Zeitschrift für die gesamte Neurologie und Psychiatrie, 5,* 778–793.

Biener, K. & Lüthi, W. (1981). Sportmedizinisches Profil des Fußballspielers. *Deutsche Zeitschrift für Sportmedizin, 6,* 166–173.

Birbaumer, N. & Schmidt, R. (2006). *Biologische Psychologie* (6. Aufl.). Heidelberg: Springer MV.

Bisanz, G. & Gerisch, G. (2013). *Fussball: Kondition, Technik, Taktik und Coaching* (2. überarb. Aufl.). Aachen: Meyer & Meyer.

Bloomfield, J., Polman, R. & O`Donoghue, P. (2007). Physical demands of different positions in FA Premier League soccer. *Journal of Sports Science and Medicine, 6*(1), 63–70.

Bolgla, L. A. & Keskula, D. R. (1997). Reliability of lower extremity functional performance tests. *Journal of Orthopaedic & Sports Physical Therapy, 26*(3), 138–142.

Bös, K. (2001). *Handbuch motorische Tests: Sportmotorische Tests, motorische Funktionstests, Fragebogen zur körperlich-sportlichen Aktivität und sportpsychologische Diagnoseverfahren* (2. vollst. überarb. und erw. Aufl.). Göttingen: Hogrefe.

Braasch, S. & Rebien, F. (2015). Mit links aus dem Keller: Beim HSV standen zuletzt sieben Linksfüße auf dem Platz. *Hamburger Morgenpost.* Zugriff am 09. Februar 2015 unter http://www.mopo.de/hsv/mit-links-aus-dem-keller-beim-hsv-standen-zuletzt-sieben-linksfuesse-auf-dem-platz,5067038,29795012.html

Bressel, E., Yonker, J. C., Kras, J. & Heath, E. M. (2007). Comparison of static and dynamic balance in female collegiate soccer, basketball, and gymnastics athletes. *Journal of Athletic Training, 42*(1), 42–46.

Broca, P. (1865). Sur le siège de la faculté du langage articulé. *Bulletins de la Société d'anthropologie de Paris, 6,* 377–393.

Bryson, A., Frick, B. & Simmons, R. (2013). The Returns to Scarce Talent: Footedness and Player Remuneration in European Soccer. *Journal of Sports Economics, 14*(6), 606–628.

Bundesliga.de (2012). Tore, Tore, Tore. *Bundesliga.de.* Zugriff am 25. Februar 2015 unter http://www.bundesliga.de/de/liga/news/2011/tore-tore-tore_0000201936.php

Buschmann, J. Krüger, K. & Otto, A. (2013). *Torgeheimnisse im modernen Fußball.* Aachen: Meyer & Meyer.

Buschmann, J., Bussmann, H. & Pabst, K. (2012). *Koordination - das neue Fußballtraining: Spielerische Formen für das Kinder- und Jugendtraining* (5. Aufl.). Aachen: Meyer & Meyer.

Cabri, J., De Proft, E., Dufour, W. & Clarys, J. P. (1988). The relation between muscular strength and kick performance. In Reilly, T., Lees, A., Davids, K. & Murphy, W. J. (Hrsg.), *Science and football* (S. 186–193). London: Spon.

Carey, D. P., Smith, D., Martin, D., Smith, G., Skriver, J., Rutland, A. & Shepherd, J. (2009). The bipedal ape: Plasticity and asymmetry in footedness. *Cortex, 45*(5), 650–661.

Carey, D. P., Smith, G., Smith, D. T., Shepherd, J. W., Skriver, J., Ord, L. & Rutland, A. (2001). Footedness in world soccer: an analysis of France '98. *Journal of Sports Science, 19*(11), 855–864.

Cizek, A. (1998). Genialer linker Fuß. *Left Hand Corner, 2*(4), 27–31.

Claßen, M. & Schnepper, W. (2011). *Taktiktraining im Jugendfußball.* Norderstedt: Books on Demand.

Cometti, G., Maffiuletti, N. A., Pousson, M., Chatard, J.-C. & Maffulli, N. (2001). Isokinetic strength and anaerobic power of elite, subelite and amateur French soccer players. *International Journal of Sports Medicine, 22*(1), 45–51.

Coren, S. (1993). The lateral preference inventory for measurement of handedness, footedness, eyedness, and earedness: Norms for young adults. *Bulletin of the Psychonomic Socienty, 31*(1), 1–3.

Dargatz, T. (2008). *Fußball-Konditionstraining: Kraft, Schnelligkeit, Ausdauer und Beweglichkeit* (2. aktual. Aufl.). München: Copress.

Desch, M. & Lottermann, S. (2003). DFB-Talentförderprogramm: Trainingswissenschaftliche Begleitung durch das Institut für Sportspiele der Deutschen Sporthochschule Köln. *Bayrischer Fußball-Verband*. Zugriff am 14. Oktober 2014 unter http://www.bfv.de/cms/docs/ne ws/DFB-Testanleitung.pdf

Diemer, F. & Sutor, V. (2007). *Praxis der medizinischen Trainingstherapie*. Stuttgart: Thieme.

Dietrich, B. (2002). *Die Linkshänder in einer rechtsorientierten Gesellschaft*. Diplomarbeit, Fachhochschule Lausitz.

Dörge, H. C., Anderson, T. B., Sørensen, H. & Simonsen, E. B. (2002). Biomechanical differences in soccer kicking with the preferred and the non-preferred leg. *Journal of Sports Science, 20*(4), 293–299.

Drenkow, E. (1960-1961). Zum Problem der beidseitigen Ausbildung im Sport. *Theorie und Praxis der Körperkultur. 9(12), 1084-1092 (1.Teil); 10(1), 41-48 (2. Teil); 10(2), 137-145 (3. Teil).*

Dufour, W. (1992). Computer assisted scouting in soccer. In Kuhn, W. & Schmidt, W. (Hrsg.), *Analyse und Beobachtung in Training und Wettkampf* (1. Aufl., S. 95–106). Sankt Augustin: Academia.

Duško, B., Popović, S. & Petković, J. (2013). Comparison of instep kicking between preferred and non-preferred leg in young football players. *Montenegrin Journal of Sports Science and Medicine, 2*(1), 5–10.

Eder, K. & Hoffmann, H. (2010). Physikalische und physiotherapeutische Maßnahmen und Rehabilitation. In Müller-Wohlfahrt, H.-W., Hänsel, L. & Ueblacker, P. (Hrsg.), *Muskelverletzungen im Sport* (S. 313–362). Stuttgart: Thieme.

Edlinger, B. (2013). *Interdependenzen zwischen statischem und dynamischem Gleichgewicht unter besonderer Berücksichtigung sportmotorischer Tests.* Magisterarbeit, Wien.

Ehrenstein, W. & Arnold-Schulz-Gahmen, B. (1997). Seitenbevorzugung - Selbsttest. *Leibniz-Institut für Arbeitsforschung an der TU Dortmund.* Zugriff am 12. November 2014 unter http://www.ifado.de/forschung_praxis/umsetzung/lateralitaetsfragebogen/fragebogen/index.php

Ferger, K. (1998). *Trainingseffekte im Fußball. Eine trainingswissenschaftliche Analyse individueller Leistungsentwicklungen und Anpassungsreaktionen auf Trainingsbelastungen.* Dissertation, Universität Hamburg.

Fetz, F. (1972). *Bewegungslehre der Leibesübungen* (1. Aufl.). Frankfurt am Main: Limpert.

Feustel, R. (1974). Möglichkeiten des Einsatzes digitaler Meßsysteme in den Sportspielen. *Theorie und Praxis der Körperkultur, 23,* 32–36.

Fischer, A. (2004). *Lateralität beim Menschen - Evolution, Gesellschaft, Sport.* Studienarbeit, Universität Leipzig.

Fischer, K. (1979). Das Phänomen der Lateralität in der Sportpraxis. *Motorik, 2*(2), 64–72.

Fischer, K. (1988). *Rechts-Links-Probleme in Sport und Training.* Schorndorf: Hofmann.

Fischer, K. (1992). Lateralität und Motorik. *Motorik, 15*(3), 122–134.

Fousekis, K., Tsepis, E. & Vagenas, G. (2010). Multivariate isokinetic strength asymmetries of the knee and ankle in professional soccer players. *Journal of Sports Medicine and Physical Fitness, 50*(4), 465–474.

Geese, R. (2009). *Fussball: Erfolgsfaktor Kondition*. Aachen: Meyer & Meyer.

Gissis, I., Papadopoulos, C., Kalapotharakos, V. I., Sotiropoulos, A., Komsis, G. & Manolopoulos, E. (2006). Strength and speed characteristics of elite, subelite, and recreational young soccer players. *Research in Sports Medicine, 14*(3), 205–214.

Gräbe, G. (2014). *Das Körpergedächtnis: Kinesiologie: wiederkehrende Stressmuster leicht bewältigen* (1. Aufl., neue Ausg.). Norderstedt: Books on Demand.

Greulich, M. & Neveling, E. (2015). *Fußball-Taktik: Die Anatomie des modernen Spiels* (1. Aufl.). München: Copress Sport.

Grosser, M., Brüggemann, P. & Zintl, F. (1986). *Leistungssteuerung in Training und Wettkampf: Theorie und Praxis für alle Sportarten*. München: BLV.

Grützner, P. & Weineck, J. (1988). *Desmodromisches Krafttraining. Vergleichende Untersuchungen zum konzentrischen und desmodromischen Krafttraining. Kraftmessungen der Beinstreckermuskulatur am "Schnelltrainer"*. Zulassungsarbeit für die Erste Staatsprüfung für das Lehramt an Gymnasien, Erlangen.

Gstöttner, M., Neher, A., Scholtz, A., Millonig, M., Lembert, S. & Raschner, C. (2009). Balance ability and muscle response of the preferred and nonpreferred leg in soccer players. *Motor Control, 13*(2), 218–231.

Gustavsson, A., Neeter, C., Thomeé, P., Silbernagel, K. G., Augustsson, J., Thomeé, R. & Karlsson, J. (2006). A test battery for evaluating hop performance in patients with an ACL injury and patients who have undergone ACL reconstruction. *Knee Surgery, Sports Traumatology, Arthroscopy, 14*(8), 778–788.

Haaland, E. & Hoff, J. (2003). Nondominant leg training improves the bilateral motor performance of soccer players. *Scandinavian Journal of Medicine & Science in Sports, 13*(3), 179–184.

Hamilton, R. T., Shultz, S. J., Schmitz, R. J. & Perrin D. H. (2008). Triple-hop distance as a valid predictor of lower limb strength and power. *Journal of Athletic Training, 43*(2), 144–151.

Henatsch, H.-D. & Langer, H. H. (1983). Neurophysiologische Aspekte der Sportmotorik. In Rieder, H. & Bös, K. (Hrsg.), *Motorik- und Bewegungsforschung* (S. 27–55). Schorndorf: Hofmann.

Hettinger, T. (1993). *Isometrisches Muskeltraining* (6. Aufl.). Landsberg: ecomed.

Hohmann, A. (1986). Trainingswissenschaftliche Analyse eines einjährigen Trainingsprozesses im Sportspiel Wasserball. *Leistungssport, 16*(5), 5–10.

Horst, R. & Hesse, S. (2005). *Motorisches Strategietraining und PNF*. Stuttgart: Thieme.

Hottenrott, K. & Hoos, O. (2013). Sportmotorische Fähigkeiten und sportliche Leistungen - Trainingswissenschaft. In Güllich, A. & Krüger, M. (Hrsg.), *Sport. Das Lehrbuch für das Sportstudium* (S. 439–502). Berlin: Springer.

Hrysomallis, C., McLaughlin, P. & Goodman, C. (2006). Relationship between static and dynamic balance tests among elite Australian Footballers. *Journal of Science and Medicine in Sport, 9*(4), 288–291.

Hübner, K., Tschopp, M., Buholzer, O. & Clénin, G. E. (2005). Lassen sich Explosivkraftmessungen auf der Kraftmessplatte durch einfache Feldtests ersetzen? *Schweizerische Zeitschrift für Sportmedizin und Sporttraumatologie, 53*(3), 106–109.

Hyballa, P. & te Poel, H.-D. (2014). *Modernes Passspiel: Der Schlüssel zum High-Speed-Fußball.* Aachen: Meyer & Meyer.

Impellizzeri, F. M., Rampini, E., Maffiuletti, N. & Marcora, S. M. (2007). A vertical jump force test for assessing bilateral strength asymmetry in athletes. *Medicine & Science in Sports & Exercise, 39*(11), 2044–2050.

Jackson, J. H. (1880). On aphasia, with left hemiplegia. *The Lancet, 115*(2956), 637–638.

Jonsson, E., Seiger, A. & Hirschfeld, H. (2004). One-leg stance in healthy young and elderly adults: a measure of postural steadiness? *Clinical Biomechanics, 19*(7), 688–694.

Jutzi, S. (2014). *Nur für Linkshänder: Das Buch* (1. Aufl., neue Ausg.). Frankfurt am Main: Fischer.

Kalapotharakos, V. I., Strimpakos, N., Vithoulka, I., Karvounidis, C., Diamantopoulos, K. & Kapreli, E. (2006). Physiological characteristics of elite professional soccer teams of different ranking. *Journal of Sports Medicine and Physical Fitness, 46*(4), 515–519.

Karimi, M. T. & Solomonidis, S. (2011). The relationship between parameters of static and dynamic stability tests. *Journal of Research in Medical Science, 16*(4), 530–535.

Kearns, C. F., Isokawa, M. & Abe, T. (2001). Architectural characteristics of dominant leg and muscles in junior soccer players. *European Journal of Applied Physiology, 85*(3-4), 240–243.

Kiese, C. & Henze, K. (1988). Umfassende Lateralitätsbestimmung in der phoniatrischen Klinik. *Praxis der Kinderpsychologie und Kinderpsychiatrie, 37*(1), 11–16.

Knauf, T., Umbach, S. & Kormann, P. (2006). *Wahrnehmung, Wahrnehmungsstörungen und Wahrnehmungsförderung im Grundschulalter.* Stuttgart: Kohlhammer.

Knebel, K.-P., Herbeck, B. & Hamsen, G. (1988). *Fußball-Funktionsgymnastik: Dehnen, kräftigen, entspannen.* Reinbek: Rowohlt.

Krüger, T. (2005). *Zum Einfluss der Lateralität in zyklischen Sportarten bei Nachwuchsathleten. Leistungsreserve oder "unbedeutendes" Phänomen.* Dissertation, Universität Potsdam.

Kuhn, W. (1986). Kontralateraler Transfer: Befunde und theoretische Erklärungsansätze. *Sportwissenschaft, 16*(4), 422–442.

Landgraf, F. & Steinbach, M. (1963). Beitrag zum Rechts-Links-Problem unter besonderer Berücksichtigung des prävalierten Beines. *Der Sportarzt, 14*(12), 267–272.

Laube, W. (2009). *Sensomotorisches System: Physiologisches Detailwissen für Physiotherapeuten* (1. Aufl.). Stuttgart: Thieme.

Loffing, F. & Hagemann, N. (2014). Zum Einfluss des Anlaufwinkels und der Füßigkeit des Schützen auf die Antizipation von Elfmeterschüssen. *Zeitschrift für Sportpsychologie, 21*(2), 63–73.

Malý, T., Zahálka, F., Malá, L. & Teplan, J. (2014). Profile, correlation and structure of speed in youth elite soccer players. *Journal of Human Kinetics, 40,* 149–159.

Masuda, K., Kikuhara, N., Demura, S., Katsuta, S. & Yamanaka, K. (2005). Relationship between muscle strength in various isokinetic movements and kick performance among soccer players. *Journal of Sports Medicine and Physical Fitness, 45*(1), 44–52.

McLean, B. D. & Tumilty, D. M. (1993). Left-right asymmetry in two types of soccer kick. *British Journal of Sports Medicine, 27*(4), 260–262.

Menzel H. J., Chagas, M. H., Szmuchrowski L. A., Araujo S. R., de Andrade A. G. & de Jesus-Moraleida F. R. (2013). Analysis of lower limb asymmetries by isokinetic and vertical jump tests in soccer players. *Journal of Strength & Conditioning Research, 27*(5), 1370–1377.

Mognoni, P., Narici, M. V., Sirtori, M. D. & Lorenzelli, F. (1994). Isokinetic torques and kicking maximal ball velocity in young soccer players. *The Journal of Sports Medicine and Physical Fitness, 34*(4), 357–361.

Nagasawa, Y., Demura, S., Matsuda, S., Uchida, Y. & Demura, T. (2011). Effect of differences in kicking legs, kick directions, and kick skill on kicking accuracy in soccer players. *Journal of Quantitative Analysis in Sports, 7*(4), 1–11.

Niedermeier, D. & Schuppke, M. (2014). *Einfach besser Fussball spielen: Das Standardwerk für Trainer und Spieler* (1. Aufl.). München: riva.

Oberbeck, H. (1989). *Seitigkeitsphänomene und Seitigkeitstypologie im Sport.* Schorndorf: Hofmann.

Olsen, E. (1988). Analysis of goal scoring strategies in the World Championship in Mexico, 1986. In Reilly, T., Lees, A., Davids, K. & Murphy, W. J. (Hrsg.), *Science and football* (S. 373–376). London: Spon.

Ostenberg, A., Roos, E., Ekdahl, C. & Roos, H. (1998). Isokinetic knee extensor strength and functional performance in healthy female soccer players. *Scandinavian Journal of Medicine & Science in Sports, 8*(5 Pt 1), 257–264.

Plagenhoef, S. (1971). *Patterns of human motion: a cinematographic analysis* (1. Aufl.). Englewood Cliffs, New Jersey: Prentice-Hall.

Poeck, K. & Hacke, W. (2001). *Neurologie* (11. überarb. und aktual. Aufl.). Heidelberg: Springer.

Porac, C. & Coren, S. (1981). *Lateral preferences and human behavior.* New York: Springer.

Rahnama, N., Lees, A. & Bambaecichi, E. (2005). Comparison of muscle strength and flexibility between the preferred and non-preferred leg in English soccer players. *Ergonomics, 48*(11-14), 1568–1575.

Reilly, T., Bangsbo, J. & Franks, A. (2000). Anthropometric and physiological predispositions for elite soccer. *Journal of Sports Science, 18*(9), 669–683.

Reimers, C.-D., Gaulrapp, H. & Kele, H. (2004). *Sonographie der Muskeln, Sehnen und Nerven: Untersuchungstechnik und Befundinterpretation* (2. überarb. und erw. Aufl.). Köln: Deutscher Ärzte-Verlag.

Ross, M. D., Langford, B. & Whelan, P. J. (2002). Test-retest reliability of 4 single-leg horizontal hop tests. *Journal of Strength and Conditioning Research, 16*(4), 617–622.

Ross, S., Guskiewicz, K. M., Prentice, W., Schneider, R. & Yu, B. (2004). Comparison of biomechanical factors between the kicking and stance limbs. *Journal of Sport Rehabilitation, 13*(2), 135–150.

Schilling, F. (1979). Entwicklung und Erscheinungsformen der Händigkeit. *Motorik, 2*(2), 34–42.

Schilling, F. (1980). Zur Methodik der Lateralitätsbestimmung. In Eggert, D. & Kiphard, E. (Hrsg.), *Die Bedeutung der Motorik* für die Entwicklung normaler und behinderter Kinder (4. Aufl., S. 248–265). Schorndorf: Hofmann.

Schnabel, G., Harre H.-D. & Krug, J. (2011). *Trainingslehre - Trainingswissenschaft: Leistung, Training, Wettkampf* (2. aktual. Aufl.). Aachen: Meyer & Meyer.

Schneider, F. & Fink, G. (2013). *Funktionelle MRT in Psychiatrie und Neurologie* (2. überarb. und aktual. Aufl.). Berlin: Springer.

Schreiner, P. (2009). *Fussball: Perfekte Ballbeherrschung*. Aachen: Meyer & Meyer.

Schünke, M. (2000). *Funktionelle Anatomie - Topographie und Funktion des Bewegungssystems*. Stuttgart: Thieme.

Sell, T. C. (2012). An examination, correlation, and comparison of static and dynamic measures of postural stability in healthy, physically active adults. *Physical Therapy in Sport, 13*(2), 80–86.

Sinclair, J., Fewtrell, D., Taylor, P. J., Atkins, S., Bottoms, L. & Hobbs, S. J. (2014). Three-dimensional kinematic differences between the preferred and non-preferred limbs during maximal instep soccer kicking. *Journal of Sports Science, 32*(20), 1914–1923.

Starosta, W. (1988). Symmetry and asymmetry in shooting demonstrated by elite soccer players. In Reilly, T., Lees, A., Davids, K. & Murphy, W. J. (Hrsg.), *Science and football* (S. 346–355). London: Spon.

Steingrüber, H. J. (1971). Zur Messung der Händigkeit. *Zeitschrift für experimentelle und angewandte Psychologie, 18,* 337–357.

Stöckel, T., Hartmann, C. & Weigelt, M. (2007). Reihenfolgeeffekte für das Erlernen komplexer sportmotorischer Fertigkeiten auf beiden Körperseiten. *Zeitschrift für Sportpsychologie, 14*(3), 130–135.

Strobel, J. (2009). *Reliabilitätsprüfung des Biodex Balance Systems*. Dissertation, Universität Ulm.

Thalmann, R. (2005). Einflussgrößen bei der Kalibrierung von Längenmessmitteln. *Technisches Messen, 72*(5), 286–294.

Thienes, G. (2000). Lateralität und sportmotorische Leistungsfähigkeit. *Motorik, 23*(2), 57–62.

Thienes, G. (2008). *Trainingswissenschaft und Sportunterricht* (1. Aufl.). Berlin: Pro Business.

Thömmes, F. (2011). *Fußball-Coaching: Die 100 Prinzipien* (1. Aufl.). München: Copress.

Tlili, M., Mottet, D., Dupuy, M. A. & Pavis, B. (2004). Stability and phase locking in human soccer juggling. *Neuroscience Letters, 360*(1-2), 45–48.

Ullmann, J. (1974). *Psychologie der Lateralität: Humanspezifische Seitigkeitsausprägung und ihre determinierende Funktion*. Bern: Hans Huber.

Walker, J. (2008). *Der fliegende Zirkus der Physik: Fragen und Antworten* (9. erw. Aufl.). München: Oldenbourg.

Weineck, J. (2004). *Optimales Fussballtraining* (4. überarb. Aufl.). Balingen: Spitta.

Weineck, J. (2007). *Optimales Training: Leistungsphysiologische Trainingslehre unter besonderer Berücksichtigung des Kinder- und Jungendtrainings* (15. überarb. und erw. Aufl.). Balingen: Spitta.

Williams, G. P. & Morris, M. E. (2011). Tests of static balance do not predict mobility performance following traumatic brain injury. *Physiotherapy Canada, 63*(1), 58–64.

Wirth, G. (2000). *Sprachstörungen, Sprechstörungen, Kindliche Hörstörungen: Lehrbuch für Ärzte, Logopäden und Sprachheilpädagogen* (5. Aufl.). Köln: Deutscher Ärzte-Verlag.

Zago, M., Motta, A. F., Mapelli, A., Annoni, I., Galvani, C. & Sforza, C. (2014). Effect of leg dominance on the center-of-mass kinematics during an inside-of-the-foot kick in amateur soccer players. *Journal of Human Kinetics, 42,* 51–61.

Ziganek-Soehlke, F. (2008). *StuBs - Sturzprophylaxe durch Bewegungsschulung: Mehr Bewegungssicherheit im Alltag.* München: Pflaum.

Zuber, C. & Conzelmann, A. (2012). Überprüfung der Konstrukt- und Kriteriumsvalidität einer motorischen Testbatterie zur Talentdiagnostik bei Nachwuchsfussballern. In Sportwissenschaftliche Gesellschaft der Schweiz (Hrsg.), *Wissenstransfer zwischen Sportwissenschaft und Praxis (Abstract-Band der 4. Jahrestagung der Sportwissenschaftlichen Gesellschaft der Schweiz,* S. 51). Magglingen: BASPO/EHSM.